以案释法：日常生活常见法律问题解析

退役军人事务部退役军人培训中心　组织编写

中国出版集团
中国民主法制出版社

全国百佳图书
出版单位

图书在版编目（CIP）数据

以案释法：日常生活常见法律问题解析 / 退役军人
事务部退役军人培训中心组织编写；于兴卫编著.
—北京：中国民主法制出版社，2021.8
ISBN 978-7-5162-2690-2

Ⅰ.①以… Ⅱ.①退… ②于… Ⅲ.①退役－军人－
法律－基本知识－中国 Ⅳ.①E263②D920.5
中国版本图书馆 CIP 数据核字(2021)第 166438 号

图书出品人：刘海涛
出 版 统 筹：石　松
责 任 编 辑：张佳彬　刘险涛

书　　　　名/以案释法：日常生活常见法律问题解析
组 织 编 写/退役军人事务部退役军人培训中心
编　　　著/于兴卫
出版·发行/中国民主法制出版社
地址/北京市丰台区右安门外玉林里7号（100069）
电话/（010）63055259（总编室）　　63058068　63057714（营销中心）
传真/（010）63055259
http：// www.npcpub.com
E-mail：mzfz@npcpub.com
开本/ 16开　710mm×1000mm
印张/ 18.625　字数/ 212千字
版本/ 2022年9月第1版　2022年9月第1次印刷
印刷/ 廊坊市佳艺印务有限公司

书号/ ISBN 978-7-5162-2690-2
定价/ 39.00元

前　言

  法律是由国家制定或认可的行为规范，是调整社会关系的重要手段。法治是人类文明进步的重要标志，是社会走向成熟的重要标志。推进社会主义法治建设，需要全社会共同参与。

  退役军人从整齐划一的军营走向丰富多彩的社会，不可避免地会遇到许多原来不熟悉的法律问题。为帮助退役军人更好地了解社会和知法守法用法，适应地方社会生活，顺利完成角色转换，退役军人事务部退役军人培训中心精心组织编写了《以案释法——日常生活常见法律问题解析》。本书从退役军人在日常生活中常见的法律问题入手，从就业创业、社会生活、婚姻家庭、权利救济四个方面的案例和问题出发，简要分析了退役军人在工作生活中常见的法律问题、需注意的问题和解决办法。本书所选典型案例主要由最高人民法院和最高人民检察院发布的典型案例、中国裁判文书网公开发布的裁判文书、新闻媒体公开的新闻报道以及编者法律服务中遇到的真实案例改编而来，在叙述上力求言简意赅、通俗易懂。

  当前，中国社会主义法治建设进入全面依法治国的崭新阶段，全民学法用法守法的氛围日益浓厚。退役军人作为党和国家的宝贵财富和建设中国特色社会主义的重要力量，在全民学法用法守法的大潮中，更应该成为社会主义法治的忠实崇尚者、自觉遵守者和坚定捍卫者。希望此书的编写，能对此有所裨益。

目 录

Contents

就业创业篇

社会生活篇

就业创业篇

　　军人退出现役，走出军营，走向社会，标志军旅生涯的结束。同时，新的职业选择将摆在他们面前，是选择政府安置还是面向社会就业或创业，他们将迅速作出新的抉择。本篇将从几个案例出发着重解读退役军人在就业创业过程中应该注意的法律问题。

一、退役军人就业安置中的法律问题

案例：

2019年12月4日下午4时，郸城县委宣传部发布了"关于网上报道退伍军人仵XX被顶替上班的情况说明"。针对有关媒体报道退伍军人仵XX被顶替上班23年，郸城县高度重视，立即成立了专项调查组对此事开展全面调查。目前，冒名顶替者已停止工作并接受调查，调查结果将及时公布。

2020年1月22日，"印象郸城"微博发布《关于退役军人仵XX被冒名安置调查处理情况的通报》。通报情况如下：

被冒名者仵XX，男，1972年4月出生，郸城县白马镇仵庄村人，1992年12月应征入伍，1995年12月退伍。经档案认证和仵XX本人陈述，其服役期间无立功受奖经历，也非伤残军人，服役前为农业户口，不符合退伍安置条件。

冒名者徐X（曾用名徐X），男，1979年8月出生，安徽省太和县桑营乡桑营村人，没有服兵役经历。经查，1996年，徐X父亲徐XX通过其亲戚——郸城县南丰镇原工作人员齐XX（郸城县白马镇人，已退休）、郸城县民政局退伍安置办原工作人员郭XX（2010年已退休），冒用仵XX退伍军人身份，伪造退伍军人安置审查表等资料，办理虚假退伍安置手续，将徐X安置到郸城县白马镇人民政府。1999年，徐X调到郸城县宜路镇计生办工作。至案发时，徐X仍在宜路镇政府城建所工作。

目前，所有涉案人员已全部到案。徐 X、齐 XX、齐 X（齐 XX之子，涉嫌窝藏包庇）、王 XX（涉嫌窝藏包庇）4 人，因涉嫌违法犯罪已移交司法机关依法处理；郸城县民政局原退伍安置办主任郭 XX 因严重违纪受到留党察看处分，其他相关涉案公职人员已依规依纪给予相应党纪政纪处分和组织处理。

解析：

退役军人是党和国家的宝贵财富，是建设中国特色社会主义的重要力量。尊重、关爱退役军人是全社会的共同责任。国家关心、优待退役军人，加强退役军人保障体系建设，保障退役军人依法享有相应的权益。当前国防和军队改革正处在中流击水的关键阶段，退役军人安置保障问题解决得好，直接关系到改革强军战略目标的实现。因此，退役军人安置是一件非常严肃的事情。河南郸城退伍军人仵 XX 被顶替上班，23 年后因政务公开东窗事发，其中许多问题引人发问，最重要的问题就是退役军人什么情况下才给予安置工作？其安置依据的政策和法律是哪些？弄清这些问题，有利于退役军人在退役安置过程中更好维护自身的权益。

1.退役军人事务部成立使退役军人安置法律建设加速

退役军人是国家和军队建设的重要力量。对退役军人就业安置的法律规定体现在《中华人民共和国国防法》《中华人民共和国兵役法》等相关国防法律法规中。

《中华人民共和国国防法》第六十四条规定："国家建立退役军人保障制度，妥善安置退役军人，维护退役军人的合法权益。"

《中华人民共和国兵役法》（2021年修订）第五十九条规定："机关、团体、企业事业单位拒绝完成本法规定的兵役工作任务的，阻挠公民履行兵役义务的，或者有其他妨害兵役工作行为的，由县级以上地方人民政府责令改正，并可以处以罚款；对单位负有责任的领导人员、直接负责的主管人员和其他直接责任人员，依法予以处罚。"

《中华人民共和国现役军官法》（2000年修正）第四十九条规定："军官退出现役后，采取转业由政府安排工作和职务，或者由政府协助就业、发给退役金的方式安置；有的也可以采取复员或者退休的方式安置。"

为加强国防和军队建设，促进经济和社会发展，保持社会稳定，根据《中华人民共和国国防法》《中华人民共和国兵役法》和其他有关法律法规的规定，党中央、国务院、中央军委制定了《军队转业干部安置暂行办法》，国务院、中央军委出台《退役士兵安置条例》等专门的法规和规章。

党的十八大以后，国防和军队建设进入新时代，国防和军队改革进入快车道。对退

役军人的安置，一直是党中央和习近平总书记长久以来时刻牵挂在心头的一件大事。退役军人事务部的成立使退役军人法律建设加速进行。

习近平总书记在党的十九大报告中指出，组建退役军人管理保障机构，维护军人军属合法权益，让军人成为全社会尊崇的职业。

2018年3月，十三届全国人大一次会议表决通过了关于国务院机构改革方案的决定，批准成立中华人民共和国退役军人事务部，简称"退役军人事务部"。2018年4月16日，退役军人事务部正式挂牌组建。新组建的退役军人事务部，从职能和结构上来说，整合了民政部的退役军人优抚安置职责、人力资源和社会保障部的军官转业安置职责，以及军委政治工作部、军委后勤保障部相关部门的职责，体现了"科学管理、职责明晰、精准高效、责任到位"的要求。新时代，组建退役军人事务部，是落实习近平总书记重要指示精神作出的重大部署，是在国务院机构精简调整的大背景下作出的重大决策，是维护军人军属合法权益的实际举措，也标志着中国特色的退役军人科学管理模式已经启程远航。

退役军人事务部成立后，立即着手区分层次、突出重点热点，开始构建以退役军人保障法为根基、以行政法规为主干、以部门规章和规范性文件为支撑的政策制度体系，使重大改革于法有据，使党中央的重大决策上升为国家意志。2018年，退役军人事务部出台了12项政策文件，包括《关于促进新时代退役军人就业创业工作的意见》《为烈属、军属和退役军人等家庭悬挂光荣牌工作实施办法》《关于进一步加强由政府安排工作退役士兵就业安置工作的意见》《符合政府安排工作条件退役士兵服役表现量化评分暂行办法》《关于调整部分优抚对象等人员抚恤和生活补助标准的通知》《关于进一步扶持自主就业退役士兵创业就业有关税收政策的通知》等。

退役军人服务保障体系不断组建完善。组建退役军人服务中心和服务站，要求从中央到村六级都要设立，中央和省市县建立退役军人服务中心，乡镇、村建立退役军人服务站，要求全覆盖，并做到有机构、有编制、有人员、有经费、有保障。整个退役军人服务保障体系建成后，可以为广大退役军人和其他优抚对象提供更多更好的服务。

2.《中华人民共和国退役军人保障法》对退役军人安置的整体法律设计

2020 年 11 月 11 日，由全国人民代表大会常务委员会第二十三次会议通过，自 2021 年 1 月 1 日起施行《中华人民共和国退役军人保障法》，主要内容有十一方面。一是明确保障工作的基本方针、原则和工作体制；二是规范移交接收工作机制；三是明确分类安置方式和保障措施；四是完善退役军人安置配套制度；五是创

新教育培训举措；六是完善就业创业扶持措施；七是加大优待帮扶力度；八是强化褒扬激励制度功能；九是加强服务保障能力建设；十是规范监督管理工作；十一是做好有关法律、法规和政策的衔接配套。

明确退役军人安置工作的基本方针、原则。指出退役军人保障工作必须坚持党的领导，坚持为经济社会发展服务、为国防和军队建设服务的方针，遵循以人为本、分类保障、服务优先、依法管理的原则，与经济发展相协调，与社会进步相适应。退役军人安置工作应当公开、公平、公正。退役军人的政治、生活等待遇与其服现役期间所做贡献挂钩。国家建立参战退役军人特别优待机制。

规范移交接收工作机制。明确了退役军人安置保障工作的部门，即国务院退役军人工作主管部门

法律名言

家有常业，虽饥不饿；国有常法，虽危不亡。
　　　　——（战国）韩非
法律是人民意志的自由而庄严的表现。
　　　　——〔法〕罗伯斯庇尔

负责全国的退役军人保障工作。县级以上地方人民政府退役军人工作主管部门负责本行政区域的退役军人保障工作。中央和国家有关机关、中央军事委员会有关部门、地方各级有关机关应当在各自职责范围内做好退役军人保障工作。军队各级负责退役军人有关工作的部门与县级以上人民政府退役军人工作主管部门应当密切配合，做好退役军人保障工作。

明确了退役军人安置过程中发生问题的责任处理，规定移交接收过程中发生与其服现役有关的问题，由原所在部队负责处

理；发生与其安置有关的问题，由安置地人民政府负责处理；发生其他移交接收方面问题的，由安置地人民政府负责处理，原所在部队予以配合。

明确分类安置方式和保障措施。对退役的军官，国家采取退休、转业、逐月领取退役金、复员等方式妥善安置。对退役的军士，国家采取逐月领取退役金、自主就业、安排工作、退休、供养等方式妥善安置。对退役的义务兵，国家采取自主就业、安排工作、供养等方式妥善安置。以自主就业方式安置的，领取一次性退役金。以安排工作方式安置的，由安置地人民政府根据其服现役期间所做贡献、专长等安排工作岗位。机关、群团组织、事业单位接收安置转业军官、安排工作的军士和义务兵的，应当按照国家有关规定给予编制保障。国有企业接收安置转业军官、安排工作的军士和义务兵的，应当按照国家规定与其签订劳动合同，保障相应待遇。前两款规定的用人单位依法裁减人员时，应当优先留用接收安置的转业和安排工作的退役军人。

完善退役军人安置配套制度。符合条件的军官和军士退出现役时，其配偶和子女可以按照国家有关规定随调随迁。随调配偶在机关或者事业单位工作，符合有关法律法规规定的，安置地人民政府负责安排到相应的工作单位；随调配偶在其他单位工作或者无工作单位的，安置地人民政府应当提供就业指导，协助实现就业。随迁子女需要转学、入学的，安置地人民政府教育行政部门应当予以及时办理。

规范监督管理。县级以上人民政府退役军人工作主管部门应当建立健全退役军人权益保障机制，畅通诉求表达渠道，为退役军人维护其合法权益提供支持和帮助。退役军人的合法权益受到侵害，应当依法解决。公共法律服务有关机构应当依法为退役军人提供法律援助等必要的帮助。县级以上人民政府退役军人工作主管部门应当依法指导、督促等工作，监督检查退役军人保障相关法律法规和政策措施落实情况，推进解决退役军人保障工作中存在的问题。国家实行退役军人保障工作责任制和考核评价制度。退役军人工作主管部门及其工作人员履行职责，应当自觉接受社会监督。对于违反本法规定，拒绝或者无故拖延执行退役军人安置任务的，由安置地人民政府退役军人工作主管部门责令限期改正；逾期不改正的，予以通报批评。对该单位主要负责人和直接责任人员，由有关部门依法给予处分。违反本法规定，构成违反治安管理行为的，依法给予治安管理处罚；构成犯罪的，依法追究刑事责任。退役军人弄虚作假骗取退役相关待遇的，由县级以上地方人民政府退役军人工作主管部门取消相关待遇，追缴非法所得，并由其所在单位或者有关部门依法给予处分。

3. 退役士兵安置

在退役军人中，退役士兵占到退役军人的大多数，每年有数十万人。国家对士兵退役安置工作十分重视。国务院、中央军委2010

年 7 月 26 日发布的《中国人民解放军现役士兵服役条例》第四十八条规定："对退出现役的士兵，按照国家有关规定妥善安置。"2011 年，国务院颁布实施《退役士兵安置条例》，明确国家建立以扶持就业为主，自主就业、安排工作、退休、供养等多种方式相结合的退役士兵安置制度，妥善安置退役士兵。在《中华人民共和国退役军人保障法》中，进一步将退役士兵区分为退役的军士和退役的义务兵，在安置方式上有所区别。特别是规定退役军士服役满一定年限，可以以逐月领取退役金方式安置。

一是明确了全社会应当尊重、优待退役士兵，支持退役士兵安置工作。国家机关、社会团体、企业事业单位，都有接收安置退役士兵的义务，在招收录用工作人员或者聘用职工时，同等条件下应当优先招收录用退役士兵。退役士兵报考公务员、应聘事业单位职位的，在军队服现役经历视为基层工作经历。接收安置退役士兵的单位，按照国家规定享受优惠政策。

二是明确国务院退役士兵安置工作主管部门负责全国的退役士兵安置工作。县级以上地方人民政府退役士兵安置工作主管部门负责本行政区域的退役士兵安置工作。人民政府有关部门和军队有关部门应当在各自职责范围内做好退役士兵安置工作。

三是退役士兵安置以安置地安置为原则，同时还设置了退役士兵可以易地安置的条件：

（一）服现役期间父母户口所在地变更的，可以在父母现户口所在地安置；

（二）符合军队有关现役士兵结婚规定且结婚满 2 年的，可以在配偶或者配偶父母户口所在地安置；

（三）因其他特殊情况，由部队师（旅）级单位出具证明，经省级以上人民政府退役士兵安置工作主管部门批准易地安置的。

因战致残的、服现役期间平时荣获二等功以上奖励或者战时荣获三等功以上奖励的、烈士子女的、父母双亡的退役士兵，根据本人申请，可以由省级以上人民政府退役士兵安置工作主管部门按照有利于退役士兵生活的原则确定其安置地。

四是明确在安置过程中出现问题后的处理方式。退役士兵发生与服役有关的问题，由其原部队负责处理；发生与安置有关的问题，由安置地人民政府负责处理。

《退役士兵安置条例》明确退役士兵无正当理由不按照规定时间报到超过 30 天的，视为放弃安置待遇。

五是明确退役士兵安置分为三种：自主就业、安排工作和退休与供养。

（1）自主就业：

义务兵和服现役不满 12 年的士官退出现役的，由人民政府扶持自主就业。对自主就业的退役士兵，由部队发给一次性退役金，一次性退役金由中央财政专项安排；地方人民政府可以根据当地实际情况给予经济补助，经济补助标准及发放办法由省、自治区、直辖市人民政府规定。一次性退役金和一次性经济补助按照国家规定免征个人所得税。明确各级人民政府应当加强对退役士兵自主就业的指导和服务。县级以上地方人民政府应当采取组织职业介绍、就业推荐、专场招聘会等方式，扶持退役士兵自主就业。

他山之石

俄罗斯

　　苏联时期，军人的地位很高。苏联解体后，军人社会地位大幅度下降，退役军人生活缺乏保障，生活困难。为妥善解决老兵问题和退役军人安置问题，俄罗斯加紧相关立法，力求从制度上解决伤残老兵和退役军人的安置、待遇保障和社会地位问题。1993年2月12日，俄罗斯联邦（国家杜马）通过了《服过役和在内务机关服过务的人员及其家属退休（抚恤）金保障法》；1994年12月16日，通过了《老战士法》；1998年3月6日，通过了《俄罗斯联邦军人地位法》，从法律层面解决伤残老兵和退役军人在待遇、安置及社会地位等方面的问题。

　　自主就业的退役士兵根据服现役年限领取一次性退役金。服现役年限不满6个月的按照6个月计算，超过6个月不满1年的按照1年计算。获得荣誉称号或者立功的退役士兵，由部队按照规定比例增发一次性退役金。

　　县级以上地方人民政府退役士兵安置工作主管部门应当组织自主就业的退役士兵参加职业教育和技能培训。自主就业退役士兵的职业教育和技能培训经费列入县级以上人民政府财政预算。

　　对从事个体经营的退役士兵，按照国家规定给予税收优惠，给予小额担保贷款扶持，从事微利项目的给予财政贴息。除国家限制行业外，自其在工商行政管理部门首次注册登记之日起3年内，免收管理类、登记类和证照类的行政事业性收费。

　　国家鼓励用人单位招收录用或者聘用自主就业的退役士兵，用人单位招收录用或者聘用自主就业退役士兵符合规定条件的，依法享受税收等优惠。

　　自主就业的退役士兵入伍前是国家机关、社会团体、企业事业单位工作人员或者职工的，退出现役后可以选择复职复工，其工资、福利和其他待遇不得低于本单位同等条件人员的平均水平。

自主就业的退役士兵入伍前通过家庭承包方式承包的农村土地，承包期内不得违法收回或者强制流转；通过招标、拍卖、公开协商等非家庭承包方式承包的农村土地，承包期内其家庭成员可以继续承包；承包的农村土地被依法征收、征用或者占用的，与其他农村集体经济组织成员享有同等权利。自主就业的退役士兵回入伍时户口所在地落户，属于农村集体经济组织成员但没有承包农村土地的，可以申请承包农村土地，村民委员会或者村民小组应当优先解决。

自主就业的退役士兵进入中等职业学校学习、报考成人高等学校或者普通高等学校的，按照国家有关规定享受优待。入伍前已被普通高等学校录取并保留入学资格或者正在普通高等学校就学的退役士兵，退出现役后2年内允许入学或者复学，并按照国家有关规定享受奖学金、助学金和减免学费等优待，家庭经济困难的，按照国家有关规定给予资助等。

（2）安排工作：

退役士兵符合下列条件之一的，由人民政府安排工作：

（一）士官服现役满12年的；

（二）服现役期间平时荣获二等功以上奖励或者战时荣获三等功以上奖励的；

（三）因战致残被评定为 5 级至 8 级残疾等级的；

┌─── **焦点时刻** ─────────────────────────┐

我国退役军人事务领域的第一部专门法律：《中华人民共和国退役军人保障法》的
出台

　　2020 年 11 月 11 日，《中华人民共和国退役军人保障法》由中华人民共和国第
十三届全国人民代表大会常务委员会第二十三次会议通过，习近平主席签署第六十
三号主席令予以公布，宣布该法自 2021 年 1 月 1 日起施行。《退役军人保障法》是
我国退役军人事务领域的第一部专门法律，是中国特色社会主义法治建设的又一重
要成果，在我国退役军人工作发展史上具有里程碑意义。

　　这部法律集中了各方的智慧和意见。2018 年 10 月 16 日，退役军人事务部发布
消息称，《中华人民共和国退役军人保障法（草案）》征求意见稿已形成，正在送中
央和国家机关，各省、自治区、直辖市人民政府以及军队有关部门征求意见。2020
年 6 月 18 日，《退役军人保障法（草案）》首次提请十三届全国人大常委会第十九
次会议审议。6 月 22 日，中国人大网公布草案全文，向全社会公开征求意见。至 7
月 21 日，中国人大网共收到 132845 位网民提出的 820689 条意见。此外，还收到群
众书面来信 20723 封。退役军人事务部和军队有关部门也收到了一些关于修改完善草
案的群众来信。在此基础上，对草案进行了修改，更加突出保障法定位，进一步明
确和细化相关保障措施，细化安置工作、待遇确定的有关原则，明确中央财政主要
承担的退役军人保障工作经费范围，增加多项增强退役军人教育培训的针对性措施。

　　该法的颁布实施，是贯彻落实习近平强军思想，推进国防和军队建设的必然要
求；是落实党中央决策部署，推进退役军人工作治理体系和治理能力现代化的重要
举措；是推进全面依法治国，系统构建退役军人保障制度体系的有力支撑；是适应
党和国家机构改革，加强退役军人服务保障工作的客观需要。对于进一步维护退役
军人合法权益，让军人成为全社会尊崇的职业，具有重要意义。

└─────────────────────────────────────┘

（四）是烈士子女的。

　　符合前款规定条件的退役士兵在艰苦地区和特殊岗位服现
役的，优先安排工作；因精神障碍基本丧失工作能力的，予以妥
善安置。

　　承担安排退役士兵工作任务的单位应当按时完成所在地

人民政府下达的安排退役士兵工作任务，在退役士兵安置工作主管部门开出介绍信 1 个月内安排退役士兵上岗，并与退役士兵依法签订期限不少于 3 年的劳动合同或者聘用合同。接收退役士兵的单位裁减人员的，应当优先留用退役士兵。由人民政府安排工作的退役士兵，服现役年限和符合本条例规定的待安排工作时间计算为工龄，享受所在单位同等条件人员的工资、福利待遇。

非因退役士兵本人原因，接收单位未按照规定安排退役士兵上岗的，应当从所在地人民政府退役士兵安置工作主管部门开出介绍信的当月起，按照不低于本单位同等条件人员平均工资 80% 的标准逐月发给退役士兵生活费至其上岗为止。

对安排工作的残疾退役士兵，所在单位不得因其残疾与其解除劳动关系或者人事关系。安排工作的因战、因公致残退役士兵，享受与所在单位工伤人员同等的生活福利和医疗待遇。

（3）退休与供养

退役士兵中符合下列条件之一的中级以上士官，作退休安置：

（一）年满 55 周岁的；

（二）服现役满 30 年的；

（三）因战、因公致残被评定为 1 级至 6 级残疾等级的；

（四）经军队医院证明和军级以上单位卫生部门审核确认因病基本丧失工作能力的。

被评定为 1 级至 4 级残疾等级的义务兵和初级士官退出现役的，由国家供养终身。

其中，因战致残被评定为 5 级至 6 级残疾等级的中级以上士官，本人也可以自愿放弃退休安置选择由人民政府安排工作。因战、因公致残被评定为 1 级至 4 级残疾等级的中级以上士官，本人自愿放弃退休安置的，可以选择由国家供养。

六是明确安置工作中的法律责任。

退役士兵安置工作主管部门及其工作人员、参与退役士兵安置工作的单位及其工作人员有下列行为之一的，由其上级主管部门责令改正，对相关责任人员依法给予处分；相关责任人员构成犯罪的，依法追究刑事责任：

（一）违反规定审批退役士兵安置待遇的；

（二）在审批退役士兵安置工作中出具虚假鉴定、证明的；

（三）在退役士兵安置工作中利用职权谋取私利的。

接收安置退役士兵的单位违反本条例的规定，有下列情形之一的，由当地人民政府退役士兵安置工作主管部门责令限期改正；逾期不改的，对国家机关、社会团体、事业单位主要负责人和直接责任人员依法给予处分，对企业按照涉及退役士兵人数乘以当地上年度城镇职工平均工资 10 倍的金额处以罚款，并对接收单位及其主要负责人予以通报批评：

（一）拒绝或者无故拖延执行人民政府下达的安排退役士兵工作任务的；

（二）未依法与退役士兵签订劳动合同、聘用合同的；

（三）与残疾退役士兵解除劳动关系或者人事关系的。

退役士兵弄虚作假骗取安置待遇的，由安置地人民政府退役士兵安置工作主管部门取消相关安置待遇。

4. 刑法对冒名顶替退役士兵安置的新规定

冒名顶替退役士兵安排工作事件，仅经媒体公开曝光的，就有多起顶替事件发生。针对此情况，2020 年 12 月 26 日，第十三届全国人民代表大会常务委员会第二十四次会议通过《中华人民共和国刑法修正案（十一）》在刑法第二百八十条之一后增加一条，作为第二百八十条之二：

盗用、冒用他人身份，顶替他人取得的高等学历教育入学资格、公务员录用资格、就业安置待遇的，处三年以下有期徒刑、拘役或者管制，并处罚金。

组织、指使他人实施前款行为的，依照前款的规定从重处罚。

国家工作人员有前两款行为，又构成其他犯罪的，依照数罪并罚的规定处罚。

延伸阅读：

1.《退役军人保障法颁布一周年：让退役军人工作在法治轨道上高质量发展》：2021 年 11 月 11 日，退役军人事务部网站，网址链接：https://www.mva.gov.cn/xinwen/xwfb/202111/t20211111_52875.html。

2. 退役军人事务部 中央军委政治工作部：《关于进一步规范退役士兵移交安置工作有关具体问题的通知》2019 年 12 月 23 日，退役军人事务部网站，网址链接：http://www.mva.gov.cn/fuwu/xxfw/wgtyjr/index.html。

3.《退役军人保障法施行一周年——为做好新时代退役军人工作提供法治保障》，载《人民日报》2022 年 01 月 04 日第 05 版。

二、退役军人创业中的政策优惠

案例：

2006年某部战士王甲和李乙从不同的地方同年入伍，2014年底，两人又选择同时退役。在面临工作选择时，两个人不约而同地选择了自主就业。王甲买了一辆货车跑运输，当过炊事员的李乙选择开了一家饭馆。两人的生意都比较红火，可谓创业基本成功。两年后，王甲送货正好途经李乙的饭馆，两个战友一见面特别高兴，中间说到创业的艰辛时，李乙提到当地政府部门对退役军人创业特别支持，还依照政策给他减免税费。王甲听到减免税费的问题，想到自己也是退役军人，认为这些税收优惠应该也能够享受。一回到家，王甲就到相关政府部门去咨询如何享受税收优惠。相关部门的人告诉他，这些税收优惠享受期限是3年，而且有一定的限额的，还需自己纳税申报时提出来。前面2年虽然错过了，但对享受税收优惠影响不大。而且省里今年新发的文件对退役军人享受税收优惠的幅度加大，现在开始申请能够享受的优惠额度要比以前更高。王甲一听十分高兴，立刻问清了税收优惠的申请办理程序，并着手进行税收优惠的申请。

解析：

创业是人们对自己拥有的资源或通过努力对能够拥有的资源进行优化整合，从而创造出更大的经济或社会价值的过程。每个人都梦想成功，退役军人脱下军装，走向广阔的市场去创造属于自己的一番事业，除了有雄心壮志和扎实的技能，还需要一定的法律知识。

1. 国家层面对退役军人创业的法律和政策支持

退役军人是党和国家的宝贵财富，是重要的人才资源，是社会主义现代化建设的重要力量。为扶持退役

聚焦《中华人民共和国退役军人保障法》施行一周年
正午国防军事 盘点2021关于退役军人的暖心实事

军人创业，国家从政策和法律层面给予了极大支持。

（1）《中华人民共和国退役军人保障法》关于退役军人创业的法律支持

有关退役军人创业的规定主要体现在该法第三十八条、第四十五条、第四十六条中：

第三十八条 国家采取政府推动、市场引导、社会支持相结合的方式，鼓励和扶持退役军人就业创业。

第四十五条 县级以上地方人民政府投资建设或者与社会共建的创业孵化基地和创业园区，应当优先为退役军人创业提供服务。有条件的地区可以建立退役军人创业孵化基地和创业园区，为退役军人提供经营场地、投资融资等方面的优惠服务。

第四十六条 退役军人创办小微企业，可以按照国家有关规定申请创业担保贷款，并享受贷款贴息等融资优惠政策。退役军

人从事个体经营，依法享受税收优惠政策。

这三条内容，总结为国家通过政府推动、市场引导和社会支持相结合的方式，对退役军人创业一是鼓励，二是扶持。体现在具体政策上，就是鼓励县级以上地方人民政府投资建设或者与社会共建的创业孵化基地和创业园区，优先为退役军人创业提供服务。退役军人创办小微企业，在按照国家规定申请创业担保贷款的同时，还可以享受贷款贴息等融资优惠政策。如从事个体经营，还可以享受税收优惠政策。

（2）关于税收优惠

税收财政政策优惠是对退役军人创业的重点优惠内容，主要体现在 2003 年 4 月 9 日财政部、国家税务总局《关于自主择业的军队转业干部有关税收政策问题的通知》及 2014 年 4 月 29 日由财政部、国家税务总局、民政部出台的《关于调整完善扶持自主

---- 精彩瞬间 ----

"我为群众办实事"：全国退役军人创业产品专场公益推介活动举办

2021 年 11 月 27 日至 28 日，退役军人事务部宣传中心联合部分地区退役军人事务部门，依托快手短视频助力乡村振兴公益计划，共同举办"军创英雄汇"全国退役军人创业产品专场公益推介活动。活动邀请了山东省威海市、济宁市，江西省宜春市，广西壮族自治区河池市，浙江省宁波市，广东省湛江市，贵州省遵义市，宁夏回族自治区银川市，山西省吕梁市，安徽省全椒县、砀山县等 11 个市（县）退役军人事务局、服务中心负责人通过快手直播间为产品代言，介绍退役军人创业企业，公益推荐有关创业产品。为提升影响力，活动还邀请了 6 位退役军人网红主播助阵，讲述创业故事，进行公益推介。12 位退役军人和退役军人工作者作为直播观察团全程参与直播活动，进行现场互动。据统计，为期 2 天的直播推介活动，吸引了近 700 万网友在线观看，网络点赞量 110 万人次，单场吸引超过 10 万名粉丝关注。

就业退役士兵创业就业有关税收政策的通知》，2017年6月12日由财政部、税务总局、民政部出台的《关于继续实施扶持自主就业退役士兵创业就业有关税收政策的通知》，2019年2月2日由财政部、税务总局、退役军人事务部在此基础上又出台《关于进一步扶持自主就业退役士兵创业就业有关税收政策的通知》等一系列文件中，其中规定了对自主择业军转干部和退役士兵创业的一系列有关税收政策。

①对军转干部的优惠政策

一是从事个体经营的军队转业干部，经主管税务机关批准，自领取税务登记证之日起，3年内免征营业税和个人所得税。

二是为安置自主择业的军队转业干部就业而新开办的企业，凡安置自主择业的军队转业干部占企业总人数60%（含60%）以上的，经主管税务机关批准，自领取税务登记证之日起，3年内免征营业税和企业所得税。

在中央出台政策以后，各省为鼓励自主择业军转干部创业，也相继出台了许多优惠政策。以安徽省为例，其在2013年2月28日下发的《关于进一步鼓励和支持自主择业军队转业干部自主创业的通知》中，除了落实优惠政策支持外，还涵盖了开展创业培训、提供小额担保贷款、给予社会保险补贴和就业奖励、给予技能培训补贴及提供创业场地支持等方面：

在创业培训上，把自主择业军队转业干部纳入创业培训覆盖范围。落实创业培训补贴政策和补贴资金，对承担免费创办企业培训（创业模拟实训、改善企业培训）的机构，按照每人 1000 元的标准予以补贴；对承担创业基地实训的机构，按照每人 800 元的标准予以补贴。

提供小额担保贷款。自主择业军队转业干部自主创业自筹资金不足的，可申请 5 万元左右的小额担保贷款，合伙经营或组织起来创业的可申请 50 万元左右的小额担保贷款，贷款符合微利项目的由财政给予全额贴息。对自主择业军队转业干部创办的劳动密集型小企业新招用持有《复员证》《转业证》人员、《就业失业登记证》登记失业人员达到职工总数 30%以上，并与其签订 1 年以上劳动合同，可以申请最高额度 200 万元、期限不超过 2 年的小额担保贷款。

给予社会保险补贴和就业奖励。对自主择业军队转业干部创办的企业吸纳就业困难人员就业，签订 1 年以上劳动合同并按时足额缴纳社会保险费的，按企业为其实际缴纳养老、医疗和失业保险费给予补贴。对自主择业军队转业干部创办的企业吸纳毕业年度高校毕业生就业，签订 1 年以上劳动合同并按时足额缴纳社会保险费的，给予 1 年的社会保险补贴。对自主择业军队转业干部创办的企业吸纳零就业家庭成员、农村零转移农户成员就业，签订 1 年以上劳动合同并按照规定缴纳社会保险的，给予每人 1000 元的一次性就业奖励。

给予技能培训补贴。对自主择业军队转业干部创办的企业新录用人员、签订 6 个月以上的劳动合同、进行上岗前技能培训的，给予每人不低于 300 元的补贴。对自主择业军队转业干部创办的企业开展岗位技能提升培训的，按职工培训后取得中级工、高级工、技师、高级技师国家职业资格证书的人数，分别给予人均 500、1000、2000、3000 元的补贴。

提供创业场地支持。自入园孵化之日起，3 年内按规定免收属于登记类、证照类和管理类等各项行政事业性收费。自入园孵化之日起，3 年内免交物业管理费、卫生费等管理性费用，减半缴纳场地费，水电费给予适当减免。

②对自主就业士兵创业就业的税收优惠（以 2019 年财政部、税务总局、退役军人事务部出台的通知为例）

一是自主就业退役士兵从事个体经营的，自办理个体工商户登记当月起，在 3 年（36 个月，下同）内按每户每年 12000 元为限额依次扣减其当年实际应缴纳的增值税、城市维护建设税、教育费附加、地方教育附加和个人所得税。限额标准最高可上浮 20%，各省、自治区、直辖市人民政府可根据本地区实际情况在此幅度内确定具体限额标准。

二是企业招用自主就业退役士兵，与其签订 1 年以上期限劳动合同并依法缴纳社会保险费的，自签订劳动合同

并缴纳社会保险当月起，在3年内按实际招用人数予以定额依次扣减增值税、城市维护建设税、教育费附加、地方教育附加和企业所得税优惠。定额标准为每人每年6000元，最高可上浮50%，各省、自治区、直辖市人民政府可根据本地区实际情况在此幅度内确定具体定额标准。自主就业退役士兵在企业工作不满1年的，应当按月换算减免税限额。

税收政策执行期限3年，即2019年1月1日至2021年12月31日。纳税人到期之日享受本通知规定税收优惠政策未满3年的，可继续享受至3年期满为止。退役士兵以前年度已享受退役士兵创业就业税收优惠政策满3年的，不得再享受规定的税收优惠政策；以前年度享受退役士兵创业就业税收优惠政策未满3年且符合本通知规定条件的，可按规定享受优惠至3年期满。

退役军人享受创业税收优惠政策的具有如下特点：

地域性。根据国家政策规定，退役军人创业享受的税收优惠在定额的基础上还可以进行浮动。具体标准是由各省、自治区、直辖市人民政府决定的。所以相关的减税基础标准全国一样，但是具体数额各地会有差别。

时效性。对退役军人创业，税收优惠是有期限的，目前期限是3年。享受3年之后便不再享受。如果一开始没有享受，税收优惠资格就一直保留。其目的是在退役军人创业初始阶段给予支持，帮助退役军人创业开好头、起好步。

辅助性。税收政策优惠仅是一种促进退役军人创业的辅助手段。退役军人要想创业成功，必须要做好各方面的准备。打铁还要自身硬，优惠再多也代替不了努力

延伸阅读：

1.《关于促进新时代退役军人就业创业工作的意见》，退役军人事务部发〔2018〕26号，退役军人事务部网站，网址链接：https://www.mva.gov.cn/gongkai/zfxxgkpt/fdzdgknr/fgzc/gfxwj/201903/t20190321_23376.html。

2.退役军人事务部有关负责同志就《关于促进新时代退役军人就业创业工作的意见》答记者问，2018 年 08 月 02 日，退役军人事务部网站，网址链接：https://www.mva.gov.cn/jiedu/zcjd/201808/t20180802_14665.html。

3.央视影音：[国防军事早报]退伍季·助力各地出台政策打通退役军人就业创业渠道，2021 年 12 月 06 日。

相关法条：

《中华人民共和国退役军人保障法》

第三十八条 国家采取政府推动、市场引导、社会支持相结合的方式，鼓励和扶持退役军人就业创业。

第三十九条 各级人民政府应当加强对退役军人就业创业的指导和服务。

县级以上地方人民政府退役军人工作主管部门应当加强对退役军人就业创业的宣传、组织、协调等工作，会同有关部门采取退役军人专场招聘会等形式，开展就业推荐、职业指导，帮助退役军人就业。

第四十条 服现役期间因战、因公、因病致残被评定残疾等级和退役后补评或者重新评定残疾等级的残疾退役军人，有劳动能力和就业意愿的，优先享受国家规定的残疾人就业优惠政策。

第四十一条 公共人力资源服务机构应当免费为退役军人提供职业介绍、创业指导等服务。

国家鼓励经营性人力资源服务机构和社会组织为退役军人就业创业提供免费或者优惠服务。

退役军人未能及时就业的，在人力资源和社会保障部门办理求职登记后，可以按照规定享受失业保险待遇。

第四十二条 机关、群团组织、事业单位和国有企业在招录或者招聘人员时，对退役军人的年龄和学历条件可以适当放宽，同等条件下优先招录、招聘退役军人。退役的军士和义务兵服现役经历视为基层工作经历。

退役的军士和义务兵入伍前是机关、群团组织、事业单位或者国有企业人员的，退役后可以选择复职复工。

第四十三条 各地应当设置一定数量的基层公务员职位，面向服现役满五年的高校毕业生退役军人招考。

服现役满五年的高校毕业生退役军人可以报考面向服务基层项目人员定向考录的职位，同服务基层项目人员共享公务员定向考录计划。

各地应当注重从优秀退役军人中选聘党的基层组织、社区和村专职工作人员。

军队文职人员岗位、国防教育机构岗位等，应当优先选用符合条件的退役军人。

国家鼓励退役军人参加稳边固边等边疆建设工作。

第四十四条 退役军人服现役年限计算为工龄，退役后与所在单位工作年限累计计算。

第四十五条 县级以上地方人民政府投资建设或者与社会

共建的创业孵化基地和创业园区，应当优先为退役军人创业提供服务。有条件的地区可以建立退役军人创业孵化基地和创业园区，为退役军人提供经营场地、投资融资等方面的优惠服务。

第四十六条 退役军人创办小微企业，可以按照国家有关规定申请创业担保贷款，并享受贷款贴息等融资优惠政策。

退役军人从事个体经营，依法享受税收优惠政策。

第四十七条 用人单位招用退役军人符合国家规定的，依法享受税收优惠等政策。

三、退役军人创业选择个体经营中的法律问题

案例：

王某曾在天津市××路××号经营"AA 快餐店"。2018 年 6 月 4 日至 8 月 19 日，李某为王某向上述快餐店送煤气共计 29 罐，款项合计 10500 元。王某仅于 2018 年 7 月 12 日向李某支付 5000 元，其余款项未付。

法院判决：1. 王某于判决生效后十日内向李某支付货款 5500 元及利息损失。2. 驳回李某的其他诉讼请求。如果未按生效判决指定的期间履行给付金钱义务，应当依照《中华人民共和国民事诉讼法》第二百五十三条之规定，加倍支付迟延履行期间的债务利息。一审案件受理费由王某负担。

王某不服，提起上诉请求：1. 撤销原判，依法改判驳回李某的诉讼请求；2. 一、二审诉讼费用由李某承担。事实与理由：李某起诉的诉讼主体错误，其不是适格的被告。早在 2018 年 4 月 10 日，其就注销了自己名下的 AA 快餐店，其夫妻二人也将该快餐店的股份全部转让给张某，由张某实际控制该快餐店的经营，所以李某如果认为该快餐店尚欠其煤气款，应该向该快餐店的实际经营者张某催讨，而不是向其催讨。

经审查，法院对原审判决认定的事实予以确认。另查明，AA 快餐店为个体工商户，经营者王某。2018 年 8 月 22 日，天津市

XX 区市场监督管理局受理了王某的申请,对该快餐店的个体工商户登记予以注销。

本院认为,王某对李某送煤气到 AA 快餐店的事实并无异议,只是认为其已注销该快餐店,相应股份也已转让给他人,故不应承担付款责任。根据《中华人民共和国民法总则》第五十六条的规定,"个体工商户的债务,个人经营的,以个人财产承担;家庭经营的,以家庭财产承担;无法区分的,以家庭财产承担"。现 AA 快餐店的个体工商户已注销,王某作为经营者,应对其经营快餐店期间的债务承担付款责任。王某的该上诉理由,于法无据,不予采纳。王某的上诉理由不能成立,对其上诉请求,本院不予支持。原审判决认定事实基本清楚,适用法律正确,实体处理适当,应予维持。依照《中华人民共和国民事诉讼法》第一百七十条第一款第一项规定,判决如下:驳回上诉,维持原判。二审案件受理费由上诉人王某负担。

解析:

退役军人创业,首先要有个运营的主体。从事个体经营是部分退役军人创业时的选择。个体经营,或者叫个体工商户。从当前的优惠政策看:采用申请登记从事个体经

营税收优惠政策最为明确。如果采用注册企业的形式，主要根据录用达到一定退役军人的数量后给予贷款、税收、培训和社保补贴等方面的优惠，具体还要看各地的政策和规定。而且，不同的主体形式各自承担的责任形式也是不一样的。其中对个体经营的优惠规定最为明确。从事个体经营的军队转业干部和退役士兵，经主管税务机关批准，自领取税务登记证之日起，3年内免征营业税和个人所得税。

《个体工商户条例》第二条第一款规定："有经营能力的公民，依照本条例规定经工商行政管理部门登记，从事工商业经营的，为个体工商户。"第二款规定："个体工商户可以个人经营，也可以家庭经营。"申请登记为个体工商户，应当向经营场所所在地登记机关申请注册登记。申请人应当提交登记申请书、身份证明和经营场所证明。个体工商户登记事项包括经营者姓名和住所、组成形式、经营范围、经营场所。个体工商户使用名称的，名称作为登记事项。个体工商户的投资主体只能是自然人。个体工商户不具有法人资格。

历史回眸

1987年，国务院发布《城乡个体工商户管理暂行条例》，使个体户管理进入法制化、规范化发展的轨道。据不完全统计，至2010年底，全国个体工商户户数达3452.89万户，登记从业人员7097.67万人，已成为促进社会经济发展和吸纳劳动力就业的重要力量。2017年12月底，全国实有个体工商户6579万户，资金5.4万亿元，从业人员1.42亿人。随着大众创业、万众创新的理念日益深入人心，从事个体经营也成为城乡人员就业的一种重要方式。

个体经营的优点是：在进行工商注册登记时，没有注册资本最低要求；申请注册登记手续较简单，费用少，经营起来相对更灵活。

当然个体经营也有缺点，就是信用度及知名度比公司低，无法以个体户营业执照的名义对外签合同。个体工商户要对个体经营的全部债务负责。无论是过去的《中华人民共和国民法总则》，还是现在的《中华人民共和国民法典》，对此都有明确规定："个体工商户的债务，个人经营的，以个人财产承担；家庭经营的，以家庭财产承担；无法区分的，以家庭财产承担。"

延伸阅读：

1.国务院法制办、工商总局负责人就《个体工商户条例》答记者问，来源：中国政府法制信息网　发布时间：2011-04-29。

2.《个体工商户条例（修订送审稿）》起草说明，司法部官网，发布时间：2018-11-09。

相关法条：

《中华人民共和国民法典》

第五十六条　个体工商户的债务，个人经营的，以个人财产承担；家庭经营的，以家庭财产承担；无法区分的，以家庭财产承担。

《个体工商户条例（2016 修订）》（国务院令第 666 号）

第一条　为了保护个体工商户的合法权益，鼓励、支持和引导个体工商户健康发展，加强对个体工商户的监督、管理，发挥其在经济社会发展和扩大就业中的重要作用，制定本条例。

第二条　有经营能力的公民，依照本条例规定经工商行政管理部门登记，从事工商业经营的，为个体工商户。

个体工商户可以个人经营，也可以家庭经营。

个体工商户的合法权益受法律保护，任何单位和个人不得侵害。

第三条　县、自治县、不设区的市、市辖区工商行政管理部门为个体工商户的登记机关（以下简称登记机关）。登记机关按照国务院工商行政管理部门的规定，可以委托其下属工商行政管理所办理个体工商户登记。

第四条　国家对个体工商户实行市场平等准入、公平待遇的原则。

申请办理个体工商户登记，申请登记的经营范围不属于法律、行政法规禁止进入的行业的，登记机关应当依法予以登记。

第五条 工商行政管理部门和县级以上人民政府其他有关部门应当依法对个体工商户实行监督和管理。

个体工商户从事经营活动，应当遵守法律、法规，遵守社会公德、商业道德，诚实守信，接受政府及其有关部门依法实施的监督。

第六条 地方各级人民政府和县级以上人民政府有关部门应当采取措施，在经营场所、创业和职业技能培训、职业技能鉴定、技术创新、参加社会保险等方面，为个体工商户提供支持、便利和信息咨询等服务。

第七条 依法成立的个体劳动者协会在工商行政管理部门指导下，为个体工商户提供服务，维护个体工商户合法权益，引导个体工商户诚信自律。

个体工商户自愿加入个体劳动者协会。

第八条 申请登记为个体工商户，应当向经营场所所在地登记机关申请注册登记。申请人应当提交登记申请书、身份证明和经营场所证明。

个体工商户登记事项包括经营者姓名和住所、组成形式、经营范围、经营场所。个体工商户使用名称的，名称作为登记事项。

第九条 登记机关对申请材料依法审查后，按照下列规定办理：

（一）申请材料齐全、符合法定形式的，当场予以登记；申请材料不齐全或者不符合法定形式要求的，当场告知申请人需要补正的全部内容。

（二）需要对申请材料的实质性内容进行核实的，依法进行核查，并自受理申请之日起15日内作出是否予以登记的决定。

（三）不符合个体工商户登记条件的，不予登记并书面告知申请人，说明理由，告知申请人有权依法申请行政复议、提起行政诉讼。

予以注册登记的，登记机关应当自登记之日起10日内发给营业执照。

国家推行电子营业执照。电子营业执照与纸质营业执照具有同等法律效力。

第十条 个体工商户登记事项变更的，应当向登记机关申请办理变更登记。

个体工商户变更经营者的，应当在办理注销登记后，由新的经营者重新申请办理注册登记。家庭经营的个体工商户在家庭成员间变更经营者的，依照前款规定办理变更手续。

第十一条 申请注册登记或者变更登记的登记事项属于依法须取得行政许可的，应当向登记机关提交许可证明。

第十二条 个体工商户不再从事经营活动的，应当到登记机关办理注销登记。

第十三条 个体工商户应当于每年1月1日至6月30日，向登记机关报送年度报告。

个体工商户应当对其年度报告的真实性、合法性负责。

个体工商户年度报告办法由国务院工商行政管理部门制定。

第十四条 登记机关将未按照规定履行年度报告义务的个体工商户载入经营异常名录，并在企业信用信息公示系统上向社会公示。

第十五条 登记机关接收个体工商户年度报告和抽查不得收取任何费用。

第十六条 登记机关和有关行政机关应当在其政府网站和办公场所，以便于公众知晓的方式公布个体工商户申请登记和行政许可的条件、程序、期限、需要提交的全部材料目录和收费标准等事项。

登记机关和有关行政机关应当为申请人申请行政许可和办理登记提供指导和查询服务。

第十七条 个体工商户在领取营业执照后，应当依法办理税务登记。

个体工商户税务登记内容发生变化的，应当依法办理变更或者注销税务登记。

第十八条 任何部门和单位不得向个体工商户集资、摊派，不得强行要求个体工商户提供赞助或者接受有偿服务。

第十九条 地方各级人民政府应当将个体工商户所需生产经营场地纳入城乡建设规划，统筹安排。

个体工商户经批准使用的经营场地，任何单位和个人不得侵占。

第二十条 个体工商户可以凭营业执照及税务登记证明，依法在银行或者其他金融机构开立账户，申请贷款。

金融机构应当改进和完善金融服务，为个体工商户申请贷款提供便利。

第二十一条 个体工商户可以根据经营需要招用从业人员。

个体工商户应当依法与招用的从业人员订立劳动合同，履行法律、行政法规规定和合同约定的义务，不得侵害从业人员的合法权益。

第二十二条 个体工商户提交虚假材料骗取注册登记，或者伪造、涂改、出租、出借、转让营业执照的，由登记机关责令改正，处 4000 元以下的罚款；情节严重的，撤销注册登记或者吊销营业执照。

第二十三条 个体工商户登记事项变更，未办理变更登记的，由登记机关责令改正，处 1500 元以下的罚款；情节严重的，吊销营业执照。

个体工商户未办理税务登记的，由税务机关责令限期改正；逾期未改正的，经税务机关提请，由登记机关吊销营业执照。

第二十四条 在个体工商户营业执照有效期内，有关行政机关依法吊销、撤销个体工商户的行政许可，或者行政许可有效期届满的，应当自吊销、撤销行政许可或者行政许可有效期届满之日起 5 个工作日内通知登记机关，由登记机关撤销注册登记或者吊销营业执照，或者责令当事人依法办理变更登记。

第二十五条 工商行政管理部门以及其他有关部门应当加强个体工商户管理工作的信息交流，逐步建立个体工商户管理信息系统。

第二十六条　工商行政管理部门以及其他有关部门的工作人员，滥用职权、徇私舞弊、收受贿赂或者侵害个体工商户合法权益的，依法给予处分；构成犯罪的，依法追究刑事责任。

第二十七条　香港特别行政区、澳门特别行政区永久性居民中的中国公民，台湾地区居民可以按照国家有关规定，申请登记为个体工商户。

第二十八条　个体工商户申请转变为企业组织形式，符合法定条件的，登记机关和有关行政机关应当为其提供便利。

第二十九条　无固定经营场所摊贩的管理办法，由省、自治区、直辖市人民政府根据当地实际情况规定。

第三十条　本条例自 2011 年 11 月 1 日起施行。1987 年 8 月 5 日国务院发布的《城乡个体工商户管理暂行条例》同时废止。

四、退役军人创业选择合伙经营中的法律问题

案例：

2005年9月，王某登记注册成立个人独资企业——同顺公司，并领取营业执照。当年12月18日，王某、李某、张某及贾某签订合伙合同一份，约定：合伙人王某原独资经营的同顺公司因扩建、改建需追加投资，现由王某、李某、张某、贾某四人共同出资，合伙经营，变更为合伙经营企业；合伙人王某以部分厂房和土地作价出资；李某、张某、贾某三人根据实际建房及购买设备需要出资；合伙后的企业名称仍为同顺公司，仍使用原王某领取的同顺公司营业执照，原个人独资企业营业执照自合伙合同签订之日起归合伙企业所有，原投资人王某不得再单独使用该营业执照；李某、张某、贾某的出资，用于新建厂房和购买机械设备，全部投资结束后，根据实际使用资金大家共同认可；王某、李某、张某、贾某各占25%的比例分配；合伙债务先由合伙财产偿还，合伙财产不足清偿时，由各合伙人共同承担；合伙企业由王某负责生产及工人的管理，李某负责对外开展业务，对合伙企业进行日常管理和产品销售，张某负责财务，贾某负责采购。2006年12月23日，王某、李某、张某、贾某又签订协议书一份，载明王某等四人按照约定出资成立同顺公司，因正常生产进入困境，现就怎样解决该厂困境一事，协商达成一致意见：在10日内理清该厂自成立至该协议生效期间的所有账目；王某等四人一致同意全权

委托王某将该厂对外承包，承包费用于偿还对外的债务和四人各自的投资；承包金额暂定最低每年50万元；该厂承包前对外的债权债务由王某负责处理，与其余三人无关。其间，2006年10月，同顺公司与达达公司签订工矿产品购销合同一份，约定同顺公司向达达公司购买焦炭2000吨，单价为1200元/吨，货到需方场地后一周内结清货款。合同签订后，达达公司先后供给同顺公司焦炭1500吨，总货款为180万元，但同顺公司仅给付部分货款，仍拖欠货款100万元。达达公司向某地中级人民法院提起诉讼，请求判令：同顺公司、王某、李某、张某、贾某共同给付货款100万元，并承担逾期付款利息。

被告张某应诉，辩称本案中的焦炭买卖业务发生于原告达达公司与被告同顺公司之间，如同顺公司的资产不足以清偿债务，该厂投资人被告王某应该以个人财产予以清偿。他们虽然签订了合伙合同，但是该合伙合同并未实际履行，同顺公司亦仍为个人独资企业。达达公司要求张某等个人支付同顺公司的欠款没有事实和法律依据，故请求驳回达达公司的诉讼请求。同顺公司、王某、李某、贾某未出庭应诉。

一审法院认为，被告同顺公司尚欠原告达达公司货款1000000元，此款应由同顺公司偿还。同顺公司通过出具欠条明确了义务，其未付款即应付款并赔偿达达公司货款的利息损失。同顺公司系王某等四人合伙经营的企业，根据法律规定，合伙人对合伙的债务承担连带责任，王某等四合伙人应对同顺公司的债务承担连带清偿责任。一审法院作出判决：1. 被告同顺公司偿还原告达达公司货款 100 万元，并给付达达公司该款自 2007 年 1 月 8 日起至判决确定的给付之日止按中国人民银行同期贷款利率计算的利息；2. 被告王某、李某、张某、贾某对被告同顺公司的上述债务承担连带清偿责任。上述应履行之付款义务于判决发生法律效力之日起十日内履行完毕。如果未按判决指定的期间履行给付金钱义务，应当依照《中华人民共和国民事诉讼法》（2007 修正）第二百二十九条的规定，加倍支付迟延履行期间的债务利息。

张某不服一审判决，向 XX 省高级人民法院提起上诉称：1. 原审判决依据合伙合同及协议书认定存在合伙关系不当。2. 原审法院在相关当事人没有收到开庭传票的情况下就开庭审理本案，程序违法。综上所述，请求依法改判或将本案发回重审。

XX 省高级人民法院确认了一审查明的事实。认为：原审被告同顺公司是上诉人张某和原审被告王某、李某、贾某四人合伙经营的企业。原审被告王某、李某、贾某和张某四人于 2005 年 12 月 18 日签订的合伙合同，明确约定由该四人共同出资、合伙经营，将原由王某独资经营的原审被告同顺公司变更为合伙企业。该合同还对合伙经营范围、合伙期限、出资方式、利润分配、合伙事务的执行、入伙与退伙等合伙企业设立中的主要内容做了明确约定，张某等人已实际出资并共同参与了原审被告同顺公司的经营决策活动。上诉人张某等人的出资数额、出资比例不明确以及原审被告同顺公司名义上的个人独资企业性质均不影响本案中各合伙人的民事责任。原审法院的审理程序合法。原审法院在采用法院专递无法向原审被告李某等当事人送达开庭传票等相关法律文书的情况下，采用公告的方式进行送达，符合法律规定。李某等人经合法传唤，无正当理由未到庭，原审法院依法可以缺席审理。

XX省高级人民法院认为，综上所述，原审被告同顺公司虽在工商行政管理部门登记为个人独资企业，但实质系上诉人张某、原审被告王某、李某、贾某合伙经营的企业。同顺公司欠被上诉人达达公司的100万元货款发生于合伙期间，属于合伙企业的债务。对合伙债务如何承担，《中华人民共和国民法通则》、最高人民法院《关于贯彻执行〈中华人民共和国民法通则〉若干问题的意见（试行）》以及《中华人民共和国合伙企业法》均有相关规定。合伙企业法第三十八条规定："合伙企业对其债务，应先以其全部财产进行清偿。"第三十九条规定："合伙企业不能清偿到期债务的，合伙人承担无限连带责任。"据此，合伙企业债务的承担分为两个层次：第一顺序的债务承担人是合伙企业，第二顺序的债务承担人是全体合伙人。由于债权人的交易对象是合伙企业而非合伙人，合伙企业作为与债权人有直接法律关系的主体，应先以其全部财产进行清偿。因合伙企业不具备法人资格，普通合伙人不享受有限责任的保护，合伙企业的财产不足清偿债务的，全体普通合伙人应对合伙企业未能清偿的债务部分承担无限连带清偿责任。因而，合伙企业法第三十九条所谓的"连带"责任，是指合伙人在第二顺序的责任承担中相互之间所负的连带责任，而非合伙人与合伙企业之间的连带责任。本案中，对于同顺公司欠达达公司的货款，同顺公司应先以其全部财产进行清偿。

同顺公司的财产不足清偿该债务的，张某等合伙人对不能清偿的部分承担无限连带清偿责任。原审判决对同顺公司与张某等合伙人的责任顺序未做区分，应予纠正。综上，张某的上诉请求无事实与法律依据，不予支持。原审判决认定事实清楚，审理程序合法，但适用法律有误。

据此，XX 省高级人民法院作出判决：1. 维持 XX 省一审民事判决第一项及案件受理费部分；2. 撤销 XX 省一审民事判决第二项；3. 王某、李某、张某、贾某对同顺公司不能清偿的债务部分承担无限连带清偿责任。本判决为终审判决。

解析：

讲到合伙经营，主要表现为两种形式，一种是个体之间的相对松散的合伙，另一种是成立合伙企业。两者形式上有相同之处，但法律适用是不同的。个体之间的合伙是以合伙合同，又称合伙协议为基础的合伙，适用于《民法典》"合伙合同"的有关规定，而合伙企业适用的专门法《中华人民共和国合伙企业法》。

合伙的前世今生

"合伙人"一词最早出现于合伙制企业。近几年，企业界非常热的一个词就是"合伙人"，很多人高呼"职业经理人、打工人时代已经过去，合伙人时代已经到来"。2014 年 5 月，万科周刊发布《事业合伙人宣言》，"员工持股计划"让员工持股，人人成为经营者；跟投计划让心怀创业梦想的项目经理有机会实现其创业梦想。由此，万科拉开了事业合伙人的大幕。另外，海尔、阿里、复星、乐视、华为、小米、美的等知名公司也推出合伙人制度。

人们在回顾历史中，发现当年的晋商创造了一个商业奇迹，在晋商繁华的近百年间，票号经手兑换的银两达十几亿两，没有发生过一次内部人卷款逃跑、贪污或被诈骗的事件。这一奇迹的发生关键就是"身股制"。就是票号的股份分为"银股"和"身股"，东家出钱是"银股"，掌柜和伙计出力，是"身股"，身股和银股都可以参加企业分红。这就类似今天的合伙。

1. 合伙合同

合伙合同是两个以上合伙人为了共同的事业目的，订立的共享利益、共担风险的协议。这是合伙合同最重要的特征，也是合伙合同与其他类型的合同最重要的区别之一。

合伙具有较强的人合性和一定的组织性。合伙合同的成立是基于合伙人之间的互相信任，合伙人之间可以互为代理人，合伙人对合伙债务承担连带责任。清偿合伙债务超过自己应当承担份额的合伙人，有权向其他合伙人追偿。合伙份额的转让，除合伙合同另有约定外，合伙人向合伙人

（图片来源：退役军人事务部网站）

以外的人转让其全部或者部分财产份额的，须经其他合伙人一致同意。合伙人的债权人不得代位行使合伙人依照法律规定和合伙合同享有的权利，但是合伙人享有的利益分配请求权除外。合伙的利润分配和亏损分担，按照合伙合同的约定办理；合伙合同没

有约定或者约定不明确的，由合伙人协商决定；协商不成的，由合伙人按照实缴出资比例分配、分担；无法确定出资比例的，由合伙人平均分配、分担。

合伙事务。合伙人就合伙事务作出决定的，除合伙合同另有约定外，应当经全体合伙人一致同意。合伙事务由全体合伙人共同执行。按照合伙合同的约定或者全体合伙人的决定，可以委托一个或者数个合伙人执行合伙事务；其他合伙人不再执行合伙事务，但是有权监督执行情况。合伙人分别执行合伙事务的，执行事务合伙人可以对其他合伙人执行的事务提出异议；提出异议后，其他合伙人应当暂停该项事务的执行。合伙人不得因执行合伙事务而请求支付报酬，除非合伙合同另有约定。

合伙财产。合伙人应当按照约定的出资方式、数额和缴付期限，履行出资义务。合伙人的出资、因合伙事务依法取得的收益和其他财产，属于合伙财产。合伙合同终止前，合伙人不得请求分割合伙财产。合伙合同终止后，合伙财产在支付因终止而产生的费用以及清偿合伙债务后有剩余的，可以按照合伙合同约定的份额进行分配，如没有约定则平均分配。

合伙期限。合伙人对合伙期限没有约定或者约定不明确，视为不定期合伙。合伙期限届满，合伙人继续执行合伙事务，其他合伙人没有提出异议的，原合伙合同继续有效，但是合伙期限为不定期。合伙人可以随时解除不定期合伙合同，但是应当在合理期限之前通知其他合伙人。合伙人死亡、丧失民事行为能力或者终止的，合伙合同终止；但是，合伙合同另有约定或者根据合伙事务的性质不宜终止的除外。

2.合伙企业

合伙制企业是一种法律意义上的企业形态，最早出现的是"普通合伙企业"。

合伙企业又分为普通合伙企业和有限合伙企业。此外还有一种特殊的普通合伙企业。普通合伙企业由普通合伙人组成，合伙人对合伙企业债务承担无限连带责任。有限合伙企业由普通合伙人和有限合伙人组成，普通合伙人对合伙企业债务承担无限连带责任，有限合伙人以其认缴的出资额为限对合伙企业债务承担责任。合伙协议依法由全体合伙人协商一致、以书面形式订立。申请设立合伙企业，应当向企业登记机关提交登记申请书、合伙协议书、合伙人身份证明等文件。为了更清楚地了解这几类合伙企业的特点，我们采用表格的方式说明：

表格一、普通合伙企业

事项	主要内容
合伙企业登记	1. 合伙企业的经营范围中有属于法律、行政法规规定在登记前须经批准的项目的，该项经营业务应当依法经过批准，并在登记时提交批准文件； 2. 申请人提交的登记申请材料齐全、符合法定形式，企业登记机关能够当场登记的，应予当场登记，发给营业执照； 3. 除前款规定情形外，企业登记机关应当自受理申请之日起20日内，作出是否登记的决定。予以登记的，发给营业执照；不予登记的，应当给予书面答复，并说明理由； 4. 合伙企业领取营业执照前，合伙人不得以合伙企业名义从事合伙业务

（续表）

事项	主要内容
设立条件	1. 有二个以上合伙人。合伙人为自然人的，应当具有完全民事行为能力； 2. 有书面合伙协议； 3. 有合伙人认缴或者实际缴付的出资； 4. 有合伙企业的名称和生产经营场所； 5. 法律、行政法规规定的其他条件
合伙出资	1. 合伙人可以用货币、实物、知识产权、土地使用权或者其他财产权利出资，也可以用劳务出资； 2. 合伙人以实物、知识产权、土地使用权或者其他财产权利出资，需要评估作价的，可以由全体合伙人协商确定，也可以由全体合伙人委托法定评估机构评估； 3. 合伙人以劳务出资的，其评估办法由全体合伙人协商确定，并在合伙协议中载明； 4. 合伙人应当按照合伙协议约定的出资方式、数额和缴付期限，履行出资义务； 5. 以非货币财产出资的，依照法律、行政法规的规定，需要办理财产权转移手续的，应当依法办理
合伙协议	1. 合伙协议应当载明下列事项：合伙企业的名称和主要经营场所的地点；合伙目的和合伙经营范围；合伙人的姓名或者名称、住所；合伙人的出资方式、数额和缴付期限；利润分配、亏损分担方式；合伙事务的执行；入伙与退伙；争议解决办法；合伙企业的解散与清算；违约责任； 2. 合伙协议经全体合伙人签名、盖章后生效； 3. 合伙人按照合伙协议享有权利，履行义务； 4. 修改或者补充合伙协议，应当经全体合伙人一致同意；但是，合伙协议另有约定的除外。 5. 合伙协议未约定或者约定不明确的事项，由合伙人协商决定；协商不成的，依照本法和其他有关法律、行政法规的规定处理

事项	主要内容
合伙企业财产	1. 合伙人的出资、以合伙企业名义取得的收益和依法取得的其他财产，均为合伙企业的财产； 2. 合伙人在合伙企业清算前，不得请求分割合伙企业的财产；但合伙企业法另有规定的除外； 3. 合伙人在合伙企业清算前私自转移或者处分合伙企业财产的，合伙企业不得以此对抗善意第三人； 4. 除合伙协议另有约定外，合伙人向合伙人以外的人转让其在合伙企业中的全部或者部分财产份额时，须经其他合伙人一致同意； 5. 合伙人之间转让在合伙企业中的全部或者部分财产份额时，应当通知其他合伙人。合伙人向合伙人以外的人转让其在合伙企业中的财产份额的，在同等条件下，其他合伙人有优先购买权；但是，合伙协议另有约定的除外； 6. 合伙人以外的人依法受让合伙人在合伙企业中的财产份额的，经修改合伙协议即成为合伙企业的合伙人，依照本法和修改后的合伙协议享有权利，履行义务； 7. 合伙人以其在合伙企业中的财产份额出质的，须经其他合伙人一致同意；未经其他合伙人一致同意，其行为无效，由此给善意第三人造成损失的，由行为人依法承担赔偿责任
合伙事务执行	1. 合伙人对执行合伙事务享有同等的权利。 2. 按照合伙协议的约定或者经全体合伙人决定，可以委托一个或者数个合伙人对外代表合伙企业，执行合伙事务。 3. 作为合伙人的法人、其他组织执行合伙事务的，由其委派的代表执行。 4. 合伙人不得自营或者同他人合作经营与本合伙企业相竞争的业务。除合伙协议另有约定或者经全体合伙人一致同意外，合伙人不得同本合伙企业进行交易。合伙人不得从事损害本合伙企业利益的活动。 5. 被聘任的合伙企业的经营管理人员应当在合伙企业授权范围内履行职务。被聘任的合伙企业的经营管理人员，超越合伙企业授权范围履行职务，或者在履行职务过程中因故意或者重大过失给合伙企业造成损失的，依法承担赔偿责任

（续表）

事项	主要内容
退伙	1.退伙分为协议退伙、当然退伙、除名退伙。 2.协议退伙指在合伙协议约定合伙期限内，在合伙企业存续期间，有下列情形之一的，合伙人可以退伙：合伙协议约定的退伙事由出现；经全体合伙人一致同意；发生合伙人难以继续参加合伙的事由；其他合伙人严重违反合伙协议约定的义务。合伙协议未约定合伙期限的，合伙人在不给合伙企业事务执行造成不利影响的情况下，可以退伙，但应当提前三十日通知其他合伙人。 3.当然退伙，合伙人有下列情形之一的，当然退伙：作为合伙人的自然人死亡或者被依法宣告死亡；个人丧失偿债能力；作为合伙人的法人或者其他组织依法被吊销营业执照、责令关闭、撤销，或者被宣告破产；法律规定或者合伙协议约定合伙人必须具有相关资格而丧失该资格；合伙人在合伙企业中的全部财产份额被人民法院强制执行。合伙人被依法认定为无民事行为能力人或者限制民事行为能力人的，经其他合伙人一致同意，可以依法转为有限合伙人，普通合伙企业依法转为有限合伙企业。其他合伙人未能一致同意的，该无民事行为能力或者限制民事行为能力的合伙人退伙。当然退伙事由实际发生之日为退伙生效日
退伙	4.除名退伙，指合伙人经其他合伙人一致同意，决议将其除名，有下列情形可以进行：未履行出资义务；因故意或者重大过失给合伙企业造成损失；执行合伙事务时有不正当行为；发生合伙协议约定的事由。对合伙人的除名决议应当书面通知被除名人。被除名人接到除名通知之日，除名生效，被除名人退伙。被除名人对除名决议有异议的，可以自接到除名通知之日起三十日内，向人民法院起诉

（续表）

事项	主要内容
合伙份额继承	1. 合伙人死亡或者被依法宣告死亡的，对该合伙人在合伙企业中的财产份额享有合法继承权的继承人，按照合伙协议的约定或者经全体合伙人一致同意，从继承开始之日起，取得该合伙企业的合伙人资格。 2. 有下列情形之一的，合伙企业应当向合伙人的继承人退还被继承合伙人的财产份额：（1）继承人不愿意成为合伙人；（2）法律规定或者合伙协议约定合伙人必须具有相关资格，而该继承人未取得该资格；（3）合伙协议约定不能成为合伙人的其他情形。 3. 合伙人的继承人为无民事行为能力人或者限制民事行为能力人的，经全体合伙人一致同意，可以依法成为有限合伙人，普通合伙企业依法转为有限合伙企业。全体合伙人未能一致同意的，合伙企业应当将被继承合伙人的财产份额退还该继承人
退伙清算	1. 合伙人退伙，其他合伙人应当与该退伙人按照退伙时的合伙企业财产状况进行结算，退还退伙人的财产份额。退伙人对给合伙企业造成的损失负有赔偿责任的，相应扣减其应当赔偿的数额。 2. 退伙时有未了结的合伙企业事务的，待该事务了结后进行结算。 3. 退伙人在合伙企业中财产份额的退还办法，由合伙协议约定或者由全体合伙人决定，可以退还货币，也可以退还实物。 4. 退伙人对基于其退伙前的原因发生的合伙企业债务，承担无限连带责任。 5. 合伙人退伙时，合伙企业财产少于合伙企业债务的，退伙人应当依照法律规定分担亏损

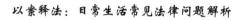

表格二：特殊的普通合伙企业

事项	主要内容
成立条件	以专业知识和专门技能为客户提供有偿服务的专业服务机构，可以成立特殊的普通合伙企业
企业名称设定	名称中应当标明"特殊普通合伙"字样
责任承担	特殊的普通合伙企业中，合伙人故意或重大过失与非故意或重大过失造成的责任是不一样的： 1. 一个合伙人或者数个合伙人在执业活动中因故意或者重大过失造成合伙企业债务的，应当承担无限责任或者无限连带责任。其他合伙人以其在合伙企业中的财产份额为限承担责任。 2. 合伙人在执业活动中非因故意或者重大过失造成的合伙企业债务以及合伙企业的其他债务，由全体合伙人承担无限连带责任。 3. 对合伙人执业活动中因故意或者重大过失造成的合伙企业债务，以合伙企业财产对外承担责任后，该合伙人应当按照合伙协议的约定对给合伙企业造成的损失承担赔偿责任
执业风险基金	特殊的普通合伙企业应当建立执业风险基金、办理职业保险。执业风险基金用于偿付合伙人执业活动造成的债务

表格三：有限合伙企业及有限合伙人特征

事项	主要内容
股东数	有限合伙企业一般由二个以上五十个以下合伙人设立，其中至少应当有一个普通合伙人
名称	有限合伙企业名称中应标明"有限合伙"字样
合伙协议	合伙协议除符合一般规定外，还应当载明下列事项：普通合伙人和有限合伙人的姓名或者名称、住所；执行事务合伙人应具备的条件和选择程序；执行事务合伙人权限与违约处理办法；执行事务合伙人的除名条件和更换程序；有限合伙人入伙、退伙的条件、程序以及相关责任；有限合伙人和普通合伙人相互转变程序

（续表）

事项	主要内容
有限合伙人出资	1. 有限合伙人的出资，可以用货币、实物、知识产权、土地使用权或者其他财产权利作价出资，但不得以劳务出资。 2. 有限合伙人应当按照合伙协议的约定按期足额缴纳出资；未按期足额缴纳的，应当承担补缴义务，并对其他合伙人承担违约责任。 3. 有限合伙企业登记事项中应当载明有限合伙人的姓名或者名称及认缴的出资数额
合伙事务执行	1. 有限合伙企业由普通合伙人执行合伙事务。 2. 执行事务合伙人可以要求在合伙协议中确定执行事务的报酬及报酬提取方式。 3. 有限合伙人不执行合伙事务，不得对外代表有限合伙企业。 4. 有限合伙人的下列行为，不视为执行合伙事务：参与决定普通合伙人入伙、退伙；对企业的经营管理提出建议；参与选择承办有限合伙企业审计业务的会计师事务所；获取经审计的有限合伙企业财务会计报告；对涉及自身利益的情况，查阅有限合伙企业财务会计账簿等财务资料；在有限合伙企业中的利益受到侵害时，向有责任的合伙人主张权利或者提起诉讼；执行事务合伙人怠于行使权利时，督促其行使权利或者为了本企业的利益以自己的名义提起诉讼；依法为本企业提供担保
利润分配	有限合伙企业不得将全部利润分配给部分合伙人；但是，合伙协议另有约定的除外
有限合伙人限制	1. 有限合伙人可以同本有限合伙企业进行交易；但是，合伙协议另有约定的除外。 2. 有限合伙人可以自营或者同他人合作经营与本有限合伙企业相竞争的业务；但是，合伙协议另有约定的除外。 3. 有限合伙人可以将其在有限合伙企业中的财产份额出质；但是，合伙协议另有约定的除外。 4. 有限合伙人可以按照合伙协议的约定向合伙人以外的人转让其在有限合伙企业中的财产份额，但应当提前三十日通知其他合伙人

（续表）

事项	主要内容
有限合伙人债务清偿	有限合伙人的自有财产不足清偿其与合伙企业无关的债务的，该合伙人可以以其从有限合伙企业中分取的收益用于清偿；债权人也可以依法请求人民法院强制执行该合伙人在有限合伙企业中的财产份额用于清偿。 人民法院强制执行有限合伙人的财产份额时，应当通知全体合伙人。在同等条件下，其他合伙人有优先购买权
有限合伙企业转为普通合伙企业条件	有限合伙企业仅剩有限合伙人的，应当解散；有限合伙企业仅剩普通合伙人的，转为普通合伙企业
与第三人交易责任	第三人有理由相信有限合伙人为普通合伙人并与其交易的，该有限合伙人对该笔交易承担与普通合伙人同样的责任。 有限合伙人未经授权以有限合伙企业名义与他人进行交易，给有限合伙企业或者其他合伙人造成损失的，该有限合伙人应当承担赔偿责任
入伙债务承担	新入伙的有限合伙人对入伙前有限合伙企业的债务，以其认缴的出资额为限承担责任。
有限合伙人退伙	1.有限合伙人出现下列情形之一的，当然退伙。（1）作为合伙人的自然人死亡或者被依法宣告死亡；（2）作为合伙人的法人或者其他组织依法被吊销营业执照、责令关闭、撤销，或者被宣告破产；（3）合伙人在合伙企业中的全部财产份额被人民法院强制执行。 2.作为有限合伙人的自然人在有限合伙企业存续期间丧失民事行为能力的，其他合伙人不得因此要求其退伙
继承	作为有限合伙人的自然人死亡、被依法宣告死亡或者作为有限合伙人的法人及其他组织终止时，其继承人或者权利承受人可以依法取得该有限合伙人在有限合伙企业中的资格。
退伙债务承担	有限合伙人退伙后，对基于其退伙前的原因发生的有限合伙企业债务，以其退伙时从有限合伙企业中取回的财产承担责任

（续表）

事项	主要内容
普通合伙人与有限合伙人的转换限制	1. 除合伙协议另有约定外，普通合伙人转变为有限合伙人，或者有限合伙人转变为普通合伙人，应当经全体合伙人一致同意。 2. 有限合伙人转变为普通合伙人的，对其作为有限合伙人期间有限合伙企业发生的债务承担无限连带责任。 3. 普通合伙人转变为有限合伙人的，对其作为普通合伙人期间合伙企业发生的债务承担无限连带责任

延伸阅读：

1. 王翔：合伙企业法修改情况介绍，中国人大网，发布时间：2006-08-28，网址链接：http://www.npc.gov.cn/zgrdw/npc/xinwen/lfgz/lfdt/2006-08/28/content_352015.htm。

2. 北京市举办第二届退役军人创业创新大赛，新华社，网址链接：http://www.news.cn/mil/2021-11/17/c_1211449692.htm。

相关法条：

《中华人民共和国合伙企业法》（2006 年修订）

第三十九条 合伙企业不能清偿到期债务的，合伙人承担无限连带责任。

第四十条 合伙人由于承担无限连带责任，清偿数额超过本法第三十三条第一款规定的其亏损分担比例的，有权向其他合伙人追偿。

第九十一条 合伙企业注销后，原普通合伙人对合伙企业存续期间的债务仍应承担无限连带责任。

第九十二条 合伙企业不能清偿到期债务的，债权人可以依法向人民法院提出破产清算申请，也可以要求普通合伙人清偿。

合伙企业依法被宣告破产的，普通合伙人对合伙企业债务仍应承担无限连带责任。

五、退役军人创业选择有限责任公司中的法律问题

案例一：

2016 年 10 月由何某牵头，开发一款游戏陪练网站，取名为北京 XX 有限公司，于 2016 年 11 月 2 日核名通过。2016 年 11 月 4 日，北京 XX 有限公司注册成立，注册资本 10 万元，由何某出资 40%、左某出资 20%、陈某 20%、张某 20%，认缴出资时间至 2045 年 12 月 31 日，左某任法定代表人。2016 年 10 月 24 日经股东决定与北京 XX 科技有限公司签订网站技术开发合同。此后，何某、陈某、张某仅履行了部分出资义务。2017 年 5 月 19 日，因北京 XX 科技有限公司与北京 XX 有限公司合作合同纠纷案，何某、陈某、张某称无钱由左某先行垫付，左某垫付了北京 XX 有限公司应付给北京 XX 科技有限公司的合同尾款 6500 元。2019 年 3 月 15 日，经何某、陈某、张某同意，将北京 XX 有限公司注销，产生注销费用 2500 元，原告多次向三被告要求补缴出资，均以没钱为由拒绝。至此，左某共代公司支付 9000 元。左某作为原告向法院提出诉讼请求：1. 判令被告何某向原告补缴出资款 3600 元，被告张某向原告补缴出资 1800 元，被告陈某向原告补缴出资 1800 元；2. 诉讼费用由被告负担。

法院认为，北京 XX 有限公司系原被告成立的有限责任公司，公司对外所欠债务应当由公司负责偿还，公司注销后，责任由股

东在出资范围内承担，虽原被告作为公司股东的认缴出资时间至
2045 年 12 月 31 日，但因公司注销，出资加速到期，原告左某垫
付款额为 9000 元，按公司章程所定的比例确定原被告应当承担
股份额，故原告左某请求被告履行出资义务以偿还其代垫的对外
债务的请求本院予以支持。法院判决：在本判决生效后五日内被
告何某向原告左某支付 3600 元，被告张某向原告左某支付 1800 元，
被告陈某向原告左某支付 1800 元。如果被告未按本判决指定的
期间履行给付金钱义务，应当依据《中华人民共和国民事诉讼法》
第二百五十三条之规定，支付迟延履行的债务利息。

案例二：

王某与张某、XX 有限公司发生民间借贷纠纷，王某作为原告
向法院提起诉讼，请求：1.请求判令被告一张某、被告二 XX 有
限公司归还借款本金，并支付该款自 2020 年 3 月 20 日起至实际
付清之日止的利息（按同期全国银行间同业拆借中心公布的市场
报价利率的四倍计算）；2.诉讼费用由被告承担。

原告王某诉称，原告依被告一要求向被告二账户转账共计 38 万
元。后原告多次催告被告一、被告二在合理期限内还款，XX 有限
公司向原告转账共计 17.5 万元，截至起诉之日，被告一、被告
二尚余 20.5 万元未向原告偿还。

被告张某辩称，我只是公司的法定代表人，上述款项是涉及
公司业务的，不是借款，也与我个人无关。

被告 XX 有限公司辩称，该款项系公司账户往来的，与张某
个人无关，公司借款只有 13 万元，公司给了原告 17.5 万元，按

照双方当时的约定，公司已经多给了几万块了。其他 20.5 万元实际是项目投资款，不是借款。

一审法院认为：民间合法的借贷关系受法律保护。原告提供了转账凭证及微信聊天记录，被告称系原告委托其办理融资事宜而产生的往来，但未能提供证据，结合证据应认定双方存在借贷关系，被告应偿还剩余借款 20.5 万元。对于利息，本院按法律规定调整为合同成立时一年期贷款市场报价利率的四倍给付。根据《中华人民共和国公司法》第六十三条规定，一人有限责任公司的股东不能证明公司财产独立于股东自己的财产的，应当对公司债务承担连带责任。本案中，被告明确表示三笔转账均未入公司账册，不能证明公司财产独立于股东自己的财产，故两被告应连带归还上述借款本息。一审法院判决：被告张某、XX 有限公司于本判决发生法律效力之日起十日内连带给付原告王某借款本金 20.5 万元及利息。如果未按本判决指定的期间履行给付金钱义务，应当依照《中华人民共和国民事诉讼法》第二百五十三条之规定，加倍支付迟延履行期间的债务。案件受理费减半收取，由被告张某、XX 有限公司共同负担。

张某不服一审判决，认为案涉款项系王某与 XX 公司之间的账户往来，其只是 XX 有限公司的法定代表人，与该笔款项并无关系，其不应当对该笔款项与 XX 有限公司承担连带还款义务。因此，张某向中级人民法院提出上诉，请求：1. 请求法院判令上诉人无须向王某支付借款本金 20.5 万元及利息。2. 判令王某承担本案的诉讼费用。

二审法院受理后，依法组成合议庭进行审理。二审法院认为，对一审判决查明的事实予以确认。二审法院认为，根据法律规定，当事人对自己提出的主张，有责任提供证据证明。当事人未能提供证据或者提供的证据不足以证明其主张的，应当承担不利的后果。因此，张某应当承担举证不能的后果。《中华人民共和国公司法》第六十三条规定，一人有限责任公司的股东不能证明公司财产独立于股东自己的财产的，应当对公司债务承担连带责任。XX 有限公司系一人有限责任公司，张某是 XX 有限公司唯一的股东。根据法律规定，张某不能证明 XX 公司的财产独立于其自己的财产，则应对 XX 公司的债务承担连带责任。本案中，张某明确表示三笔转账均未记入公司财务账册，由此可见 XX 有限公司的财产与张某个人财产存在混同。因此，张某依法应当对 XX 有限公司的债务承担连带责任。

综上，二审法院认为上诉人张某的上诉理由缺乏事实和法律依据，一审判决查明事实清楚，适用法律正确，判决结果并无不当，应予维持。二审法院判决：驳回上诉，维持原判决。二审案件受理费由上诉人张某负担。

解析：

公司是适应市场经济社会化大生产的需要而形成的一种企业组织形式。中国的公司是指依照《中华人民共和国公司法》在中国境内设立的，公司是企业法人，有独立的法人财产，享有法人财产权。公司以其全部财产对公司的债务承担责任。我国法定

上海退役军人创新创业示范园（陈珺摄）
（图片来源：退役军人事务部网站）

公司有两种形式：有限责任公司和股份有限公司。有限责任公司的股东以其认缴的出资额为限对公司承担责任；股份有限公司的股东以其认购的股份为限对公司承担责任。公司作为法人的一种形态，其特质完全符合市场经济的要求，与其他市场主体相比，公司的优点很明显，公司股东的有限责任决定了对公司投资的股东既可满足投资者谋求利益的需求，又可使其承担的风险限定在一个合理的范围内，增加其投资的积极性。

---- **历史回眸** ----

1904 年 1 月 21 日，清政府颁布了《清代商法公司法》。它的颁布，标志着近代中国第一部《公司法》的诞生，从而开启了中国公司立法的先河。

1914 年 1 月 13 日，北京政府农商部颁布了中国近代第二部公司法——《公司条例》。《公司条例》共分六章，包括总纲、无限公司、股份公司、股份公司、股份公司。这是近代中国第一部成熟的公司法。

1929 年 12 月 26 日，南京国民政府在 1914 年北洋政府《公司条例》的基础上制定颁布了《公司法》，自 1931 年 7 月 1 日实施。这是一部比较完整的现代公司立法。

1945 年 9 月，国民党立法院通过修改后的《公司法》，于 1946 年 4 月 12 日颁布生效。该公司法较之前，大大增加了篇幅，共分 10 章 361 条，它是中国近代以来最大、最全面、最后一部公司法。

1993 年 12 月 29 日，第八届全国人民代表大会常务委员会第五次会议通过了《中华人民共和国公司法》，并于 1994 年 7 月 1 日实施。它是新中国成立以来第一部公司法。这部公司法共经过 1999 年、2004 年、2005 年、2013 年、2018 年的五次修正和修订，才有了今天的模样。

有限责任公司是退役军人创业选择的一种重要方式。有限责任公司，又简称有限公司，中国的有限责任公司是指根据公司法规定，由五十个以下的股东出资设立，每个股东以其所认缴的出资额为限对公司承担有限责任，公司法人以其全部资产对公司债务承担全部责任的经济组织。一人有限责任公司和国有独资公司特殊形式，法规还有专门的规定。

1. 设立条件

设立有限责任公司，应当具备下列条件：股东符合法定人数（有限责任公司由五十个以下股东出资设立）；有符合公司章程规定的全体股东认缴的出资额；股东共同制定公司章程；有公司名称，建立符合有限责任公司要求的组织机构；有公司住所。

2. 章程事项

有限责任公司章程应当载明下列事项：公司名称和住所；公司经营范围；公司注册资本；股东的姓名或者名称；股东的出资方式、出资额和出资时间；公司的机构及其产生办法、职权、议事规则；公司法定代表人；股东会会议认为需要规定的其他事项。股东应当在公司章程上签名、盖章。

3. 股东出资

有限责任公司的注册资本为在公司登记机关登记的全体股东认缴的出资额。股东可以用货币出资，也可以用实物、知识产权、土地使用权等可以用货币估价并可以依法转让的非货币财产作价出资；但是，法律、行政法规规定不得作为出资的财产除外。对作为出资的非货币财产应当评估作价，核实财产，不得高估或者低估作价。法律、行政法规对评估作价有规定的，从其规定。
股东应当按期足额缴纳公司章程中规定的各自所认缴的出资额。
股东以货币出资的，应当将货币出资足额存入有限责任公司在银
行开设的账户；以非货币财产出资的，应当依法办理其财产权的
转移手续。

股东不按照前款规定缴纳出资的，除应当向公司足额缴纳
外，还应当向已按期足额缴纳出资的股东承担违约责任。有限责
任公司成立后，发现作为设立公司出资的非货币财产的实际价额
显著低于公司章程所定价额的，应当由交付该出资的股东补足其
差额；公司设立时的其他股东承担连带责任。

公司的发起人、股东虚假出资，未交付或者未按期交付作为
出资的货币或者非货币财产的，由公司登记机关责令改正，处以
虚假出资金额百分之五以上百分之十五以下的罚款。公司成立
后，股东不得抽逃出资。公司的发起人、股东在公司成立后，抽
逃其出资的，由公司登记机关责令改正，处以所抽逃出资金额百
分之五以上百分之十五以下的罚款。

4. 股东权利

有限责任公司成立后，应当向股东签发出资证明书。出资证
明书应当载明下列事项：公司名称；公司成立日期；公司注册资
本；股东的姓名或者名称、缴纳的出资额和出资日期；出资证明
书的编号和核发日期。出资证明书由公司盖章。

股东有权查阅、复制公司章程、股东会会议记录、董事会会
议决议、监事会会议决议和财务会计报告。股东可以要求查阅公

司会计账簿。股东要求查阅公司会计账簿的，应当向公司提出书面请求，说明目的。公司有合理根据认为股东查阅会计账簿有不正当目的，可能损害公司合法利益的，可以拒绝提供查阅，并应当自股东提出书面请求之日起十五日内书面答复股东并说明理由。公司拒绝提供查阅的，股东可以请求人民法院要求公司提供查阅。

股东按照实缴的出资比例分取红利；公司新增资本时，股东有权优先按照实缴的出资比例认缴出资。但是，全体股东约定不按照出资比例分取红利或者不按照出资比例优先认缴出资的除外。

5. 公司的常设机构

有限责任公司常设有股东会、董事会、监事会等。

股东会由全体股东组成。股东会是公司的权力机构，行使下列职权：决定公司的经营方针和投资计划；选举和更换非由职工代表担任的董事、监事，决定有关董事、监事的报酬事项；审议批准董事会的报告；审议批准监事会或者监事的报告；审议批准公司的年度财务预算方案、决算方案；审议批准公司的利润分配方案和弥补亏损方案；对公司增加或者减少注册资本做出决议；对发行公司债券做出决议；对公司合并、分立、解散、清算或者变更公司形式做出决议；修改公司章程；公司章程规定的其他职权。对以上事项股东以书面形式一致表示同意的，可以不召开股东会会议，直接做出决定，并由全体股东在决定文件上签名、盖章。

首次股东会会议由出资最多的股东召集和主持。股东会会议分为定期会议和临时会议。定期会议应当依照公司章程的规定按时召开。代表十分之一以上表决权的股东，三分之一以上的董事，监事会或者不设监事会的公司的监事提议召开临时会议的，应当召开临时会议。召开股东会会议，应当于会议召开十五日前通知全体股东；但是，公司章程另有规定或者全体股东另有约定的除外。股东会应当对所议事项的决定作成会议记录，出席会议的股东应当在会议记录上签名。股东会会议由股东按照出资比例行使表决权；但是，公司章程另有规定的除外。股东会会议做出修改公司章程、增加或者减少注册资本的决议，以及公司合并、分立、解散或者变更公司形式的决议，必须经代表三分之二以上表决权的股东通过。

有限责任公司董事会，其成员为三人至十三人；但是，规模较小的企业设立一名执行董事亦可。董事会设董事长一人，可以设副董事长。董事长、副董事长的产生办法由公司章程规定。董事任期由公司章程规定，但每届任期不得超过三年。董事任期届满，连选可以连任。董事任期届满未及时改选，或者董事在任期内辞职导致董事会成员低于法定人数的，在改选出的董事就任前，原董事仍应当依照法律、行政法规和公司章程的规定，履行董事职务。

董事会对股东会负责，行使下列职权：召集股东会会议，并向股东会报告工作；执行股东会的决议；决定公司的经营计划和投资方案；制订公司的年度财务预算方案、决算方案；制订公司的利润分配方案和弥补亏损方案；制订公司增加或者减少注册资本以及发行公司债券的方案；制订公司合并、分立、解散或者变更公司形式的方案；决定公司内部管理机构的设置；决定聘任或者解聘公司经理及其报酬事项，并根据经理的提名决定聘任或者解聘公司副经理、财务负责人及其报酬事项；制定公司的基本管理制度；公司章程规定的其他职权。董事会会议由董事长召集和主持；董事长不能履行职务或者不履行职务的，由副董事长召集和主持；副董事长不能履行职务或者不履行职务的，由半数以上董事共同推举一名董事召集和主持。董事会应当对所议事项的决定作成会议记录，出席会议的董事应当在会议记录上签名。董事会决议的表决，实行一人一票。有限责任公司可以设经理，由董事会决定聘任或者解聘。经理对董事会负责。

有限责任公司设监事会，其成员不得少于三人。股东人数较少或者规模较小的有限责任公司，可以设一至二名监事，不设监事会。监事会应当包括股东代表和适当比例的公司职工代表，其中职工代表的比例不得低于三分之一，具体比例由公司章程规定。监事会中的职工代表由公司职工通过职工代表大会、职工大会或者其他形式民主选举产生。监事会设主席一人，由全体监事过半数选举产生。监事会主席召集和主持监事会会议；监事会主席不能履行职务或者不履行职务的，由半数以上监事共同推举一名监事召集和主持监事会会议。董事、高级管理人员不得兼任监事。监事的任期每届为三年。监事任期届满，连选可以连任。监事任期届满未及时改选，或者监事在任期内辞职导致监事会成员低于法定人数的，在改选出的监事就任前，原监事仍应当依照法律、行政法规和公司章程的规定，履行监事职务。监事可以列席董事会会议，并对董事会决议事项提出质询或者建议。监事会、不设监事会的公司的监事发现公司经营情况异常，可以进行调查；必要时，可以聘请会计师事务所等协助其工作，费用由公司承担。监事会每年度至少召开一次会议，监事可以提议召开临时监事会会议。监事会决议应当经半数以上监事通过。监事会应当对所议事项的决定作成会议记录，出席会议的监事应当在会议记录上签名。监事会、不设监事会的公司的监事行使职权所必需的费用，由公司承担。

6. 有限责任公司的股东股份转让

有限责任公司的股东之间可以相互转让其全部或者部分股权。

股东向股东以外的人转让股权，应当经其他股东过半数同意。股东应就其股权转让事项书面通知其他股东征求同意，其他股东自接到书面通知之日起满三十日未答复的，视为同意转让。其他股东半数以上不同意转让的，不同意的股东应当购买该转让的股权；不购买的，视为同意转让。经股东同意转让的股权，在同等条件下，其他股东有优先购买权。两个以上股东主张行使优先购买权的，协商确定各自的购买比例；协商不成的，按照转让时各自的出资比例行使优先购买权。公司章程对股权转让另有规定的，从其规定。

人民法院依照法律规定的强制执行程序转让股东的股权时，应当通知公司及全体股东，其他股东在同等条件下有优先购买权。其他股东自人民法院通知之日起满二十日不行使优先购买权的，视为放弃优先购买权。

股权转让后，公司应当注销原股东的出资证明书，向新股东签发出资证明书，并相应修改公司章程和股东名册中有关股东及其出资额的记载。对公司章程的该项修改不需再由股东会表决。

有下列情形之一的，对股东会该项决议投反对票的股东可以请求公司按照合理的价格收购其股权：公司连续五年不向股东分配利润，而公司该五年连续盈利，并且符合本法规定的分配利润条件的；公司合并、分立、转让主要财产的；公司章程规定的营业期限届满或者章程规定的其他解散事由出现，股东会会议通过决议修改章程使公司存续的。自股东会会议决议通过之日起六十日内，股东与公司不能达成股权收购协议的，股东可以自股东会会议决议通过之日起九十日内向人民法院提起诉讼。

自然人股东死亡后，其合法继承人可以继承股东资格；但公司章程另有规定的除外。

7. 一人有限责任公司

一人有限责任公司是有限公司的特殊形式，是指只有一个自然人股东或者一个法人股东的有限责任公司。法律规定，一个自然人只能投资设立一个一人有限责任公司。该一人有限责任公司不能投资设立新的一人有限责任公司。一人有限责任公司应当在公司登记中注明自然人独资或者法人独资，并在公司营业执照中载明。一人有限责任公司章程由股东制定。一人有限责任公司不设股东会。应当采用书面形式，并由股东签名后置备于公司。一人有限责任公司的设立和组织机构的其他事项，适用公司法关于有限公司的一般规定。一人有限责任公司应当在每一会计年度终了时编制财务会计报告，并经会计师事务所审计。一人有限责任公司的股东不能证明公司财产独立于股东自己的财产的，应当对公司债务承担连带责任。

需要注意的，一人有限责任公司与个人独资企业有着本质的区别。一人有限公司也是公司，是独立的法人，具有企业法人资格，公司以其全部财产对公司的债务承担责任；一人有限责任公司的股东以其认缴的出资额为限对公司承担责任。个人独资企业则是由一个自然人投资依法设立，财产为投资人个人所有，投资人以其个人财产对企业债务承担无限责任的经营实体，个人独资企业投资人在申请企业设立登记时明确以其家庭共有财产作为个人出资的，应当依法以家庭共有财产对企业债务承担无限责任。

延伸阅读：

《避免独董不"独"不"懂"、防止资本无序扩张、解决股东"以大欺小"——公司法修订草案分组审议看点多》，2021年12月26日，来源：人民法院报，人民网：http://society.people.com.cn/n1/2021/1226/c1008-32317157.html

相关法条：

《中华人民共和国公司法》（2018年修订）

第三条　公司是企业法人，有独立的法人财产，享有法人财

产权。公司以其全部财产对公司的债务承担责任。

有限责任公司的股东以其认缴的出资额为限对公司承担责任；股份有限公司的股东以其认购的股份为限对公司承担责任。

第五条 公司从事经营活动，必须遵守法律、行政法规，遵守社会公德、商业道德，诚实守信，接受政府和社会公众的监督，承担社会责任。

公司的合法权益受法律保护，不受侵犯。

第六十三条 一人有限责任公司的股东不能证明公司财产独立于股东自己的财产的，应当对公司债务承担连带责任。

六、妇女劳动权益的保护

案例一：

2002年11月6日，崔某入职某公司，双方签订无固定期限劳动合同。2014年5月21日至2015年6月25日期间，崔某一直休病假，履行了病假手续。2015年6月，崔某怀孕。2015年6月26日起，崔某一直休假，未履行请假手续亦未到岗出勤。2015年8月31日，公司向崔某发出《解除劳动合同通知书》，解除理由为崔某自2015年6月26日起至今，连续旷工两个月，违反公司的规章制度。崔某认可自2015年6月26日起未履行请假手续，原因是怀孕情绪不稳定。因此，崔某认为公司在自己孕期单方解除劳动合同系违法解除，故要求公司支付违法解除赔偿金。

审理过程中，双方均认可崔某自2015年6月26日起未向公司履行请假手续且未提供劳动。人民法院查明事实后认为，对女职工的特殊保护是劳动法律体系的一种基本制度，但这并不意味着"三期"（即怀孕期、产期、哺乳期）女职工可以无视用人单位的规章制度。崔某连续旷工的行为，违反了公司的规章制度，公司以此为由解除劳动合同，符合法律规定。人民法院最终判决认定公司系合法解除劳动合同，无须支付崔某违法解除劳动合同赔偿金。

案例二：

张某某通过智联招聘网站投递简历，应聘北京 XX 公司文案岗位，面试合格后，于 2019 年 7 月 3 日入职公司。9 月 18 日入职约 2 个月后，告知公司怀孕，向公司请假去产检。公司分别于 9 月 18 日、20 日、27 日三次批准张某某产假和病假，并于 10 月 8 日、9 日、10 日批准张某某婚假。同年 11 月 15 日，公司以张某某入职时提交的简历中所记载的工作经历与离职证明所记载的工作经历不符，违反劳动合同第八条之约定，向张某某送达了《解除劳动合同通知书》与其解除劳动关系。11 月 18 日，张某某向北京市丰台区劳动争议仲裁委员会（以下简称丰台仲裁委）提起劳动仲裁，要求 XX 公司继续履行劳动合同。经北京市丰台仲裁委审理后裁定 XX 公司与张某某继续履行劳动合同。XX 公司向丰台区人民法院提起诉讼，请求判令公司无须与张某某继续履行劳动合同。丰台区人民法院立案后，依法适用简易程序，公开开庭进行了审理。

XX 公司认为：1. 张某某恶意提交虚假简历，导致公司在被欺骗的情况下签订劳动合同，故公司解除劳动合同具备正当理由。2. 张某某明确知晓提供真实入职信息义务。3. 张某某于 11 月 14 日自愿承诺，如果简历与实际不符，公司可以单方面解除劳动合同。公司在确认张某某简历造假的基础上，于 11 月 15 日向其送达《解除劳动合同通知书》，系双方自愿同意解除劳动合同。4. 公司一直秉承诚实信用的原则履行劳动合同，但是张某某工作能力不能满足岗位需求、言行不诚信，劳动合同已无法继续履行。据此，为维护我方合法权益,特向贵院依法提起诉讼,请求依法公正裁决。

张某某辩称:不同意对方的诉讼请求,要求继续履行劳动合同。一是开除孕期女职工系违法行为。二是本人未存在任何欺诈公司及不诚信行为。针对本人工作能力是否达标的事实陈述。当时本人虽处于孕早期,仍主动在双十一期间周末加班至晚上十点。最后双十一重大活动期间,公司所有文案工作完成得一丝不苟,皆说明本人的能力与 XX 公司文案职位是相匹配的。另,本人在入职 XX 公司以后一直兢兢业业,努力工作,转正以后公司并没有明确的绩效考核制度或相关规定表明本人出现了任何工作能力不达标的情况,而 XX 公司在无理由无根据的情况下,说本人能力无法胜任岗位要求。本人怀孕后第一时间主动告知公司,XX 公司索要上家公司离职证明的第二天主动上交,一直诚实守信做人做事。三是 XX 公司在得知我怀孕后的数次针对性的"特殊对待"。得知本人怀孕后,让我签署一份注有"试用期怀孕一经发现立即辞退"条款的协议。综上,XX 公司先因我怀孕的特殊情况,要对我进行调岗或协商离职处理,我拒绝后,又开始质疑我的工作能力以及提出我简历造假的问题;而原则上,个人背景资料的调查以及个人工作能力的考核都应在试用期内完成。XX 公司的种种关联性行为,都是在得知我怀孕之后不断发生,其针对意图不言而喻。

丰台区人民法院认为,孕期女职工的劳动权益应当得到特别保护。当事人对自己的主张,有责任提供证据,没有证据或者证据不足以证明当事人的事实主张的,由负有举证责任的当事人承担不利后果。2019年9月18日XX公司得知张某某怀孕事实，同年11月15日XX公司在张某某怀孕期间以简历造假严重不诚信为由向其发出《解除劳动合同通知书》。用人单位对劳动者入职之初提供的应聘材料负有审查义务，XX公司以张某某提供材料存在虚假情况，违反公司制度为由解除双方劳动合同的行为，法律依据不足。同时，根据《中华人民共和国劳动法》第二十九条规定："劳动者有下列情形之一的，用人单位不得依据本法第二十四条、第二十六条、第二十七条的规定解除劳动合同……（三）女职工在孕期、产期、哺乳期内的……"XX公司在张某某孕期与其解除劳动关系行为属于违法解除劳动合同，依据《中华人民共和国劳动合同法》第四十八条"用人单位违反本法规定解除或终止劳动合同，劳动者要求继续履行劳动合同的，用人单位应当继续履行"之规定，张某某要求与XX公司继续履行劳动合同，符合法律规定。因此，XX公司的诉讼请求及主张缺乏事实及法律依据，人民法院对此不予支持。人民法院裁判XX公司与张某某继续履行劳动合同。

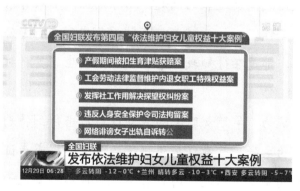

解析：

劳动权是我国宪法规定的公民的基本权利，男女平等是我国法律确立的基本原则。实现社会公正和法律面前人人平等，是我国法律追求的终极目标。对妇女劳动权益的保护程度，体现了一个社会的文明、进步程度。对女职工的劳动权益予以保护是关系到中华民族子孙后代健康和全民族素质的大事。我国政府一直非常关心、重视这项工作，根据各个时期的不同情况，制定了一系列政策、法规和规定，使妇女的劳动权益得到有效保障。

1. 我国法律法规确立和保护妇女劳动权利回顾

中华人民共和国成立以后，中国妇女广泛地参加社会生产劳动，"妇女能顶半边天"，妇女真正得到翻身解放。《中华人民共和国宪法》《中华人民共和国妇女权益保障法》《中华人民共和国劳动法》及其配套法规的公布实施，使我国对女职工权益的法律保护形成了从宪法、基本法到专门法规和规章的一整套科学完备的法律体系，形成了具有中国特色的妇女劳动权益保护制度。

《中华人民共和国宪法》（简称《宪法》）规定"中华人民共和国妇女在政治的、经济的、文化的、社会的和家庭的生活等各方面享有同男子平等的权利"；"实行男女同工同酬"。妇女劳动权利的实现是妇女享有其他民主权利的物质保障，同时还是妇女解放的前提。

1952年，纺织工业部和中国纺织工会全国委员会联合发布《关于保护女工、保护孕妇的通知》，具体规定了对纺织女工的特殊保护。

1953年修正公布的《中华人民共和国劳动保险条例》，规定女工生育期间的工资保障。

1960 年，中共中央批转的劳动部、全国总工会、全国妇联党组《关于女工劳动保护工作的报告》中对女职工的劳动条件、禁忌从事的工作、孕期保护、哺乳时间和定期体检等作出了规定。

1988 年 7 月 21 日，以国务院令第 9 号颁布了《女职工劳动保护规定》，对女性的劳动权利、女职工的"四期"保护和禁忌从事的劳动等作出了规定。

1990 年，劳动部根据国务院《女职工劳动保护规定》第十六条的要求，制定并颁布了《女职工禁忌劳动范围的规定》，对女职工禁忌从事的劳动范围作出了详细的规定。

1992 年 4 月 3 日，我国第一部关于妇女权益的基本法——《中华人民共和国妇女权益保障法》（简称《妇女权益保障法》）正式颁布。1994 年，《中华人民共和国劳动法》（简称《劳动法》）颁布，设"女职工和未成年工特殊保护"专章（第七章）。《妇女权益保障法》和《劳动法》使女职工劳动保护工作有了法律保证，成为进一步提高妇女社会地位、保障妇女基本权益的有力法律武器。

---- **历史回眸** ----

1992 年 4 月 3 日第七届全国人民代表大会第五次会议上，《中华人民共和国妇女权益保障法》获得通过。自 1992 年 10 月 1 日起施行。它是我国第一部以妇女为主体、全面保护妇女各项合法权益的基本法。是我国人权保护法律的重要组成部分。它的制定，标志着我国妇女权益保障工作已经走上法制化、规范化的轨道，对促进妇女权益的保护起到巨大的推动作用。

此外，各地区、各行业管理部门结合自己的特点和具体情况，制定了大量关于妇女劳动权利保护方面的实施办法和细则。

2. 妇女劳动权益保护的主要内容

（1）妇女的平等劳动权

我国《劳动法》第十三条明确规定："妇女享有与男子平等的就业权利。在录用职工时，除国家规定的不适合妇女的工作或者岗位外，不得以性别为由拒绝录用妇女或者提高对妇女的录用标准。"《妇女权益保障法》第二十一条、第二十二条也做了类似的规定。《劳动法》《妇女权益保障法》从三个方面对妇女的平等劳动权给予有效的法律保护。

一是妇女就业权利保障，禁止性别歧视。凡是在性质上属于对妇女歧视的有关就业的政策和具体招工行为，都是非法的，应承担相应的法律责任。

二是明确了妇女禁忌劳动范围，以及不得随意拒绝录用妇女劳动者。按照《劳动法》《妇女权益保障法》的规定，凡是国家明确规定女职工不能从事的工作之外的工作或岗位，用人单位一律不得拒绝录用。国家明确规定女职工不能从事的工作，主要是1990年1月18日劳动部《女职工禁忌劳动范围的规定》所列的工作或岗位：矿山井下作业；森林业伐木、归楞及流放作业；《体力劳动强度分级》标准中第Ⅳ级体力劳动强度的作业；建筑业脚手架的组装和拆除作业，以及电力、电信行业的高处架线作业；连续负重（指每小时负重次数在6次以上）每次负重超过20公斤，间断负重每次负重超过25公斤的作业。

三是在招工考核和录用时，不得对女性劳动者提高录用标准。《妇女权益保障法》第二十三条明确规定："各单位在录用职工时，除不适合妇女的工种或者岗位外，不得以性别为由拒绝录用妇女或者提高对妇女的录用标准。各单位在录用女职工时，应当依法与其签订劳动（聘用）合同或者服务协议，劳动（聘用）合同或者服务协议中不得规定限制女职工结婚、生育的内容。"这一规定主要是针对现实中较普遍存在的招工单位擅自提高女性劳动者的招收条件和标准等违法现象作出的。

（2）女职工的同工同酬权

男女同工同酬是男女平等原则在经济上的具体体现。无论国际劳工立法还是各国立法，都承认和强调这一原则。如 1919 年国际劳工组织章程指出："男子与女子应对同值的工作领取同等的报酬。"1951 年国际劳工组织通过第 100 号公约《男女工人同工同酬公约》，公约首先对"男女工人同工同酬"作了界定。"男女工人同工同酬"是指报酬率的制定，不得有性别上的歧视。公约规定，每一成员都应保证男女工人同工同酬的原则对一切工人适用。中国于 1990 年 9 月 7 日批准加入《男女工人同工同酬公约》。《劳动法》第四十六条规定："工资分配应当遵循按劳分配的原则，实行同工同酬。"同时，《妇女权益保障法》第二十四条也规定："实行男女同工同酬。妇女在享受福利待遇方面享有与男子平等的权利"。为了进一步保护女职工同经济利益相关的其他权益，《妇女权益保障法》第二十五条又规定："在晋职、晋级、评定专业技术职务等方面，应当坚持男女平等的原则，不得歧视妇女。"

（3）对女职工的特殊劳动保护

参照世界各国的通行做法，根据女性的健康条件和生理特点，我国以强制性法律规范的形式强化了对女性劳动权利的特殊保护。

一是禁止非法辞退女职工。我国法律规定，除试用期内发现不符合录用条件和女职工因违纪而依法终止或解除劳动合同之外，用人单位一律不得以女职工性别、结婚、怀孕、哺乳期内为由，辞退女职工。《劳动法》第二十九条还规定，女职工在孕期、产期、哺乳期内，用人单位不得以非过失性或经济性辞退方式解除劳动合同。《妇女权益保障法》第二十六条规定："任何单位均应根据妇女的特点，依法保护妇女在工作和劳动时的安全和健康，不得安排不适合妇女从事的工作和劳动。妇女在经期、孕期、产期、哺乳期受特殊保护。"第二十七条规定："任何单位不得因结婚、怀孕、产假、哺乳等情形，降低女职工的工资，辞退女职工，单方解除劳动（聘用）合同或者服务协议。但是，女职工要求终止劳动（聘用）合同或者服务协议的除外。"

二是对女职工在孕期、产期和哺乳期内的特殊保护。首先是合同自动延期。女职工在孕期、产期和哺乳期内，劳动合同期限届满的，用人单位不能以合同到期为由终止劳动合同，而应将合同延续到哺乳期满才能终止。根据《中华人民共和国劳动合同法》（以下简称《劳动合同法》）第四十二条、第四十五条的规定，处于孕期、产期、哺乳期的女职工与用人单位合同期满，双方劳动合同应延长至女职工相应的情形消失时终止。若用人单位在此期间违法终止劳动关系，应向女职工支付赔偿金。其次是劳动条件的保护：

《女职工劳动保护特别规定》（国务院令第 619 号，2012 年）

第六条 女职工在孕期不能适应原劳动的，用人单位应当根据医疗机构的证明，予以减轻劳动量或者安排其他能够适应的劳动。

对怀孕 7 个月以上的女职工，用人单位不得延长劳动时间或者安排夜班劳动，并应当在劳动时间内安排一定的休息时间。

怀孕女职工在劳动时间内进行产前检查，所需时间计入劳动时间。

第七条 女职工生育享受 98 天产假，其中产前可以休假 15 天；难产的，增加产假 15 天；生育多胞胎的，每多生育 1 个婴儿，增加产假 15 天。

女职工怀孕未满 4 个月流产的，享受 15 天产假；怀孕满 4 个月流产的，享受 42 天产假。

第九条 对哺乳未满 1 周岁婴儿的女职工，用人单位不得延长劳动时间或者安排夜班劳动。

用人单位应当在每天的劳动时间内为哺乳期女职工安排 1 小时哺乳时间；女职工生育多胞胎的，每多哺乳 1 个婴儿每天增加 1 小时哺乳时间。

第十条 女职工比较多的用人单位应当根据女职工的需要，建立女职工卫生室、孕妇休息室、哺乳室等设施，妥善解决女职工在生理卫生、哺乳方面的困难。

三是禁止安排女职工从事有损生理机能的工作。由于女性的生理特殊性及其担负的社会责任，决定了妇女劳动者同男性劳动者之间劳动生理的差别。为了保障女职工的身体健康，《妇女权益保障法》《劳动法》《女职工禁忌劳动范围的规定》等法律法规对女性经期、孕期、哺乳期、产期等"四期"中的劳动保护作了专门规定。

《中华人民共和国妇女权益保障法》（2018 年修正）

第二十六条　任何单位均应根据妇女的特点，依法保护妇女在工作和劳动时的安全和健康，不得安排不适合妇女从事的工作和劳动。妇女在经期、孕期、产期、哺乳期受特殊保护。

《中华人民共和国劳动法》（2018 年修正）

第五十九条　禁止安排女职工从事矿山井下、国家规定的第四级体力劳动强度的劳动和其他禁忌从事的劳动。

第六十条　不得安排女职工在经期从事高处、低温、冷水作业和国家规定的第三级体力劳动强度的劳动。

第六十一条　不得安排女职工在怀孕期间从事国家规定的第三级体力劳动强度的劳动和孕期禁忌从事的劳动。对怀孕七个月以上的女职工，不得安排其延长工作时间和夜班劳动。

3. 需要注意问题

（1）女职工在孕期、产期、哺乳期内能否解除劳动合同

实践中，经常有女职工存在认识误区，认为只要怀孕了，用人单位便不可与其解除劳动合同。其实不然。虽然我国《劳动合

同法》规定用人单位不得对孕期、产期、哺乳期内女职工无过失性辞退和经济性裁员。但法律同时规定，劳动者严重违反用人单位规章制度的，用人单位可与其解除劳动合同。换言之，即使劳动者怀孕，如果其行为符合某些法定情形，用人单位同样可以解除劳动合同。

（2）女职工产前检查能否算作劳动时间

《女职工劳动保护特别规定》第六条第三款规定，怀孕女职工在劳动时间内进行产前检查，所需时间计入劳动时间。因此，用人单位应当配合怀孕女职工做好产前检查，允许怀孕女职工在上班期间去医院做产前检查，同时不得因此克扣其工资。

（3）产假期间工资是谁发

我国已建立生育保险制度，按照《女职工劳动保护特别规定》第八条规定："女职工产假期间的生育津贴，对已经参加生育保险的，按照用人单位上年度职工月平均工资的标准由生育保险基金支付；对未参加生育保险的，按照女职工产假前工资的标准由用人单位支付。女职工生育或者流产的医疗费用，按照生育保险规定的项目和标准，对已经参加生育保险的，由生育保险基金支付；对未参加生育保险的，由用人单位支付。"

延伸阅读：

1.《我国立法明确女军人合法权益受法律保护》，载《中国妇女报》2021 年 06 月 11 日第 3 版。

2.《妇女权益保障法迎来"大修"：涉及招生就业性别歧视、离婚时家务劳动补偿等社会热点》，载《中国妇女报》2021 年 12 月 21 日第 1 版。

相关法条：

《中华人民共和国劳动法》（2018 年修正）

第二十九条　劳动者有下列情形之一的，用人单位不得依据本法第二十六条、第二十七条的规定解除劳动合同：

（一）患职业病或者因工负伤并被确认丧失或者部分丧失劳动能力的；

（二）患病或者负伤，在规定的医疗期内的；

（三）女职工在孕期、产期、哺乳期内的；

（四）法律、行政法规规定的其他情形。

《中华人民共和国劳动合同法》（2012 年修正）

第四十八条　用人单位违反本法规定解除或者终止劳动合同，劳动者要求继续履行劳动合同的，用人单位应当继续履行；劳动者不要求继续履行劳动合同或者劳动合同已经不能继续履行的，用人单位应当依照本法第八十七条规定支付赔偿金。

《中华人民共和国民事诉讼法》（2017 年修正）

第六十四条　当事人对自己提出的主张，有责任提供证据。

当事人及其诉讼代理人因客观原因不能自行收集的证据，或者人民法院认为审理案件需要的证据，人民法院应当调查收集。

人民法院应当按照法定程序，全面地、客观地审查核实证据。

《中华人民共和国妇女权益保障法》（2018 年修正）

第二十六条　任何单位均应根据妇女的特点，依法保护妇女在工作和劳动时的安全和健康，不得安排不适合妇女从事的工作和劳动。

妇女在经期、孕期、产期、哺乳期受特殊保护。

第二十七条 任何单位不得因结婚、怀孕、产假、哺乳等情形，降低女职工的工资，辞退女职工，单方解除劳动（聘用）合同或者服务协议。但是，女职工要求终止劳动（聘用）合同或者服务协议的除外。

各单位在执行国家退休制度时，不得以性别为由歧视妇女。

七、退役军人保险衔接问题

案例：

王某于 1990 年 12 月从陕西省某地应征入伍，1993 年 12 月以政府安排工作方式退出现役。王某退伍后安置到某地 XX 公司工作。1995 年 10 月，双方签订无固定期限劳动合同书。

2019 年，中共中央办公厅、国务院办公厅印发了《关于解决部分退役士兵社会保险问题的意见》，指出对 2019 年 1 月 21 日前以政府安排工作方式退出现役的退役士兵，适用以下政策：（一）未参加社会保险的允许参保；退役士兵入伍时未参加城镇职工基本养老、基本医疗保险的，入伍时间视为首次参保时间；2012 年 7 月 1 日《中华人民共和国军人保险法》实施前退役的，军龄视同基本养老保险、基本医疗保险缴费年限；（二）参保后缴费中断的允许补缴；退役士兵参加基本养老保险出现欠缴、断缴的，允许按不超过本人军龄的年限补缴，补缴免收滞纳金；（三）补缴责任和要求，退役士兵参加社会保险缴纳费用，原则上单位缴纳部分由所在单位负担，个人缴纳部分由个人负担。

王某符合社保接续办理条件，并填报了补缴社会保险个人申请办理表。2019 年 12 月，经某地养老保险经办处核查，王某在本地区参保时断缴 288 个月，结合其服役年限，实际应补缴 37 个月，补缴金额合计 27711.15 元，其中个人缴费部分金额为 9237.05 元。对于上述内容，被告王某签名认可核查结果，并承诺三个月内完成个人缴费。2020 年 7 月，XX 公司为王某垫付个人缴费金额 9237.05 元，为其办理了社会保险接续。事后因为王某一直没有向 XX 公司归还所垫付的补交款，XX 公司向某地基层人民法院提起诉讼，要求被告王某归还公司垫付的个人缴费。

人民法院认为，被告王某作为一名退役士兵，符合退役士兵社保补缴条件，且按照规定提交了申请办理表，并承诺完成个人缴费。由于被告王某未在规定期限支付个人缴费金额 9237.05 元，原告 XX 公司代其支付后，被告作为受益人，应当予以返还。人民法院作出判决：被告王某于本判决生效之日起十日内返还原告某地 XX 公司垫付的基本养老保险个人缴费金额 9237.05 元。如果未按本判决指定的期间履行给付金钱义务，应当依照《中华人民共和国民事诉讼法》第二百五十三条规定，加倍支付迟延履行期间的债务利息。案件受理费和财产保全费由被告王某负担。

王某不服，向中级人民法院提起上诉称：1. 撤销一审判决，依法驳回被上诉人 XX 公司的诉讼请求；2. 被上诉人 XX 公司负担本案全部诉讼费用。事实与理由：1. 上诉人王某社会保险费个人缴费部分的欠费是被上诉人 XX 公司未依法按月代扣代缴造成，应由被上诉人 XX 公司承担上诉人王某的社会保险费个人缴费损失；2. 上诉人没有授权委托被上诉人垫付社会保险费。被上诉人 XX 公司辩称，1. 被上诉人通知上诉人缴费，但其拒不缴纳，公司才代扣代缴的；2. 公司代缴的该部分社保费系上诉人复转期间，在进入公司上班前的社保费用，不在公司应当依法履行社保缴纳义务的范围内。

二审法院经过审理，对一审法院查明的事实予以确认。二审法院认为，劳动者与用人单位均负有参加社会保险、缴纳社会保险费的义务。为了退役军人的社会保障问题，政府出台政策，对部分退役军人的社会保险进行接续，本案中，上诉人王某符合退役士兵的社保接续补缴条件。被上诉人为落实国家政策，也为了上诉人的合法权益，被上诉人给上诉人代缴个人缴费部分9237.05元，上诉人为受益人。上诉人应当遵循公平原则，应承担自身义务，其应返还被上诉人给其代缴的费用9237.05元。上诉人以其没有给被上诉人授权为由，主张不予返还的理由，违背民事主体从事民事活动，应当遵循诚信的原则。二审法院认为，上诉人王某的上诉理由不能成立，上诉请求不予支持。原审判决认定事实清楚，适用法律正确，应予维持。二审法院遂作出判决：驳回上诉，维持原判。

解析：

社会保险是社会保障制度的核心内容，是国家通过法律强制实施，为工薪劳动者在年老、疾病、生育、失业，以及遭受职业伤害的情况下，提供必要的物质帮助的制度。按照我国劳动法的规定，社会保险项目分为养老保险、失业保险、医疗保险、工伤保险和生育保险。社会保险的保障对象是全体劳动者，资金主要来源是用人单位和劳动者个人的缴费，政府给予资助。依法享受社会保险是劳动者的基本权利。改革开放以来，我国的社会保险制度逐渐完善。党的十六大明确地把"社会保障体系比较健全"

作为全面建成小康社会的目标之一。

　　我国社会保险有一个发展完善的过程。1997年，国务院颁布《国务院关于建立统一的企业职工基本养老保险制度的决定》，1998年12月，国务院颁布《国务院关于建立城镇职工基本医疗保险制度的决定》，1999年1月，国务院颁布《失业保险条例》，2005年12月，国务院颁布《国务院关于完善企业职工基本养老保险制度的决定》，2009年9月，国务院发布《国务院关于开展新型农村社会养老保险试点的指导意见》，这些行政法规和规章的颁布，对于我国社会保险制度的建立和完善起到了促进作用。2010年10月28日，第十一届全国人民代表大会常务委员会第十七次会议通过《中华人民共和国社会保险法》，并于2011年7月1日起施行。我国的社会保险制度用国家立法的形式得以确立。

　　军人，尤其是退役军人，因为涉及退役后保险的衔接，往往出现许多问题。为解决这一问题，2012年4月27日，第十一届全国人民代表大会常务委员会第二十六次会议通过《中华人民共和国军人保险法》并于2012年7月1日起施行。为了贯彻实施《中华人民共和国社会保险法》和《中华人民共和国军人保险法》，维护军人退役养老保险权益，2012年8月，人力资源和社会保障部、财政部、总参谋部等部门联合发出《关于军人退役养老保险关系转移接续有关问题的通知》，明确退役军人保险衔接中出现问题的处理办法，就退役军人养老保险转接作了规定：

一是军人退出现役参加基本养老保险的，国家给予退役养老保险补助。军人服役期间单位和个人应当缴纳的基本养老保险费由中央财政承担，所需经费由总后勤部列年度经费预算安排。

二是军人退出现役后参加职工基本养老保险的，由社会保险经办机构将退役养老保险补助中相应的单位缴费部分记入统筹基金，个人缴费部分记入个人账户。

三是军人退出现役后参加新型农村社会养老保险或者城镇居民社会养老保险的，按照国家有关规定办理城乡养老保险制度衔接手续。

四是军人退出现役参加基本养老保险的，国家给予退役养老保险补助后，按照规定办理了基本养老保险关系转移接续手续的，退役养老保险补助年限与入伍前和退出现役后参加职工基本养老保险的缴费年限合并计算。军人入伍前已经参加职工基本养老保险的，其基本养老保险关系和相应资金不转移到军队，由原参保地社会保险经办机构开具参保缴费凭证交给本人，并保存其全部参保缴费记录，个人账户储存额继续按规定计息。军人退出现役后继续参加职工基本养老保险的，由本人持原参保地社会保险经办机构开具的参保缴费凭证，按照国家规定办理基本养老保险关系转移接续手续。

五是根据不同退役方式采用不同办法。对军人退出现役采取退休和供养方式安置的、军人退出现役到机关事业单位的、军官和文职干部退出现役自主择业的、退出现役的一至四级残疾军人、计划分配到企业工作的军官和文职干部等采用不同的办法。

2015 年 9 月 30 日，为了贯彻实施《中华人民共和国社会保险法》《中华人民共和国军人保险法》和《国务院关于机关事业单位工作人员养老保险制度改革的决定》，维护军人养老保险权益，实现军地政策顺畅衔接，经国务院、中央军委批准，当时的人力资源和社会保障部、财政部、中国人民解放军总参谋部、中国人民解放军总政治部、中国人民解放军总后勤部发出《关于军人退役基本养老保险关系转移接续有关问题的通知》，通知主要精神如下。

一是再次强调军人退出现役参加基本养老保险的，国家给予军人退役基本养老保险补助。军人服现役期间单位和个人应当缴纳的基本养老保险费由中央财政承担，所需经费由总后勤部列年度经费预算安排。

二是明确了衔接中军地各部门责任。明确军队各级后勤（联勤、保障）机关财务部门（以下简称财务部门），负责军人退役基本养老保险关系的建立、转移和军人退役基本养老保险补助的计算、审核、划转工作。各级人民政府人力资源和社会保障部门负责军人退役基本养老保险关系接续和补助资金接收，以及基本养老保险待遇落实等工作。各级人民政府财政部门按职责做好军人退役基本养老保险关系转移接续的相关工作。

三是明确军人退役基本养老保险补助由军人所在单位财务

部门在军人退出现役时一次算清记实和具体的结算办法。

四是明确了不同退役方式保险转移经办机构。

计划分配到企业工作的军队转业干部和军队复员干部，以及由人民政府安排到企业工作和自主就业的退役士兵，其军人退役基本养老保险关系转移至安置地负责企业职工基本养老保险的县级以上社会保险经办机构。计划分配到机关事业单位工作的军队转业干部和退役士兵，其军人退役基本养老保险关系转移至安置地负责机关事业单位基本养老保险的县级以上社会保险经办机构。

五是明确军人退出现役后参加城乡居民基本养老保险的，由安置地社会保险经办机构保存其军人退役基本养老保险关系并按规定计息。待达到企业职工基本养老保险法定退休年龄后，按照国家规定办理城乡养老保险制度衔接手续。

六是军人入伍前已经参加基本养老保险的，其基本养老保险关系和相应资金不转移到军队，由原参保地社会保险经办机构开具参保缴费凭证交给本人，并保存其全部参保缴费记录。军人本人应当将原参保地社会保险经办机构开具的参保缴费凭证，交给军人所在单位财务部门存档，在军人退出现役时，随军人退役基本养老保险关系一并交还给本人。军人退出现役后继续参加基本养老保险的，按照国家规定接续基本养老保险关系。

七是对自主择业军转干部退役后养老保险进行了明确。明确自主择业的军队转业干部退出现役，由安置地人民政府逐月发给退役金，退出现役时不给予军人退役基本养老保险补助。军人所在单位财务部门，按照参加机关事业单位基本养老保险的办法，开具《军队自主择业转业干部缴费工资基数表》交给本人，由本人随供给关系交给安置地军队转业干部安置工作部门。自主择业的军队转业干部被党和国家机关、人民团体或者财政拨款的事业单位选用为正式工作人员的，从下月起停发退役金，按照国家规定参加机关事业单位基本养老保险。本通知施行前的个人服现役年限视同缴费年限；本通知施行后在军队服现役期间的基本养老保险补助，由军队转业干部安置工作部门根据《军队自主择业转业干部缴费工资基数表》，以其在军队服现役期间各年度月缴费工资之和为基数，通过退役金拨付渠道申请20%的养老保险补助，拨付至其单位所在地社会保险经办机构，其中8%记入个人账户。所需经费由中央财政解决。自主择业的军队转业干部按照国家规定依法参加当地企业职工基本养老保险的，其养老保险缴费年限从在当地缴纳养老保险费之日算起。

八是明确对军人退出现役采取退休方式安置的，实行退休金保障制度，退出现役时不给予军人退役基本养老保险补助。一至四级残疾军人退出现役采取国家供养方式安置的，其生活保障按照国家规定执行，退出现役时不给予军人退役基本养老保险补助。但如果军人入伍前已经参加基本养老保险，退出现役采取退休、供养方式安置的，经本人申请，由原参保地社会保险经办机构依据军人所在团级以上单位出具的《军人退休（供养）证明》和参保缴费凭证等，退还原基本养老保险个人账户储存额，终止基本养老保险关系。

九是明确军人服现役期间死亡的，由所在单位财务部门按照退出现役后参加企业职工基本养老保险的军人退役基本养老保险补助计算办法，将其服现役期间应当计算的退役养老保险个人缴费及利息一次算清，发给其合法继承人。

十是军人退出现役后按规定办理基本养老保险关系转移接续手续的，军人退役基本养老保险补助年限与入伍前和退出现役后参加企业职工或者机关事业单位基本养老保险的缴费年限合并计算。军人退出现役后参加机关事业单位基本养老保险的，本通知施行前的军人服现役年限视同机关事业单位基本养老保险缴费年限。军人退役基本养老保险补助年限（含视同缴费年限）计算为军人退役时首次安置地企业职工或者机关事业单位基本养老保险参保缴费年限。

但在实际工作中，退役士兵中部分以政府安排工作方式退役的人员，因未能及时参加基本养老、基本医疗保险或参保后下岗失业等原因出现缴费中断，享受基本养老、基本医疗保障待遇面临困难。对此，党和政府十分重视退役军人的实际困难，经过广泛调研和征求意见，2019 年，中共中央办公厅、国务院办公厅印发了《关于解决部分退役士兵社会保险问题的意见》。意见指出，以政府安排工作方式退出现役士兵出现未参保和断缴问题，允许参保和补缴，补缴免收滞纳金；入伍时未参保的，入伍时间视为首次参保时间。中央和国家层面还为此制定了补缴工作指南、流程图、典型案例示范片，为全国开展补缴工作提供了依据遵循，并下拨财政补助资金为各地提供有力支持。2019 年 7 月 5 日，为妥善解决部分退役士兵基本养老保险和基本医疗保险未参保和中断缴费问题，规范中央财政补助资金使用管理，财政部、退役军人事务部、人力资源社会保障部、医保局、民政部、税务总局发出《关于解决部分退役士兵社会保险问题中央财政补助资金有关事项的通知》，就政府补助范围、中央财政补助范围及标准、中央财政补助资金预拨和结算、补助资金使用管理、监督检查和有关工作要求进行了明确。

新闻视点：全国近233万退役士兵"接续"上了养老保险

新华社北京2020年7月29日电（记者杨雅雯、蔡琳琳）记者29日从退役军人事务部获悉，部分退役士兵社会保险接续工作取得重大进展，截至7月23日，全国共受理退役士兵社会保险补缴约290万人，完成初审276万余人，养老保险补缴工作已办结近233万人。

近年来，退役士兵中部分以政府安排工作方式退役的人员，因未能及时参加基本养老、基本医疗保险或参保后下岗失业等原因出现缴费中断，享受基本养老、基本医疗保障待遇面临困难。对此，中共中央办公厅、国务院办公厅于2019年印发了《关于解决部分退役士兵社会保险问题的意见》，按照意见要求，以政府安排工作方式退出现役士兵出现未参保和断缴问题，允许参保和补缴，补缴免收滞纳金；入伍时未参保的，入伍时间视为首次参保时间。

为此，国家层面制定了补缴工作指南、流程图、典型案例示范片，为全国开展补缴工作提供了依据遵循，并下拨财政补助资金为各地提供有力支持。各地一线工作人员在落实政策过程中，也把实施补缴过程作为密切联系退役士兵的过程，变"坐等上门"为"主动上门"，受到退役士兵的充分认可和肯定。

2019年4月28日，退役军人事务部有关负责人就《关于解决部分退役士兵社会保险问题的意见》（以下简称《意见》）的相关问题回答了新华社记者提问。

问：为什么要出台《意见》

答：2011年以前，依据国家户籍制度管理规定及其相应的社会保障体系，退役士兵安置区分城乡，采取安排工作和回乡务农等方式，基本保证了大多数人员的就业和生活。但从20世纪90年代开始，随着经济体制改革特别是国有企业的集中调整，出现了就业渠道变窄、岗位资源较少和较大规模的下岗情况，部分退役士兵在养老、医疗等方面存在着一些困难。党中央、国务院对此高度重视。为保证退役士兵享有的待遇保障与服役贡献相匹配、与经济社会发展水平相适应，切实维护他们的切身利益，中共中央办公厅、国务院办公厅专门下发了《意见》，以解决他们养老、医疗等方面的后顾之忧。

问：哪些退役士兵在《意见》保障范围内

答：考虑到出现社会保险中断缴费的人员主要集中在2011年退役士兵安置改革以前退役，按照当时国家层面确定的安置政策，转业志愿兵（士官）和城镇义务兵等人员应由政府安排工作，他们中退役时选择由政府安排工作的人员，回到地方后因为种种原因没有稳定就业和稳定收入来源，属于政策保障范畴。

问：首次参保时间如何认定

答：根据相关规定，《意见》进一步明确，符合政策保障范畴人员入伍时未参加城镇职工基本养老、基本医疗保险的，入伍时间视为首次参保时间。这一规定对接了安置政策和现行社会保险政策，有利于更好地保障这些人员的切身利益。

问：**对缴费年限有何规定**

答：《意见》规定，2012年7月1日《中华人民共和国军人保险法》实施前退役的，军龄视同为基本养老保险、基本医疗保险缴费年限；在《中华人民共和国军人保险法》实施后退役、国家给予军人退役基本养老保险补助的，军龄与参加基本养老保险、基本医疗保险的缴费年限合并计算。

问：**对补缴年限有何规定**

答：《意见》规定，符合政策保障范畴人员参保后缴费中断的，可以按照不超过本人军龄的年限补缴，并免收滞纳金。

问：**由谁来补缴费用**

答：《意见》明确了补缴责任主体，按照规定，符合政策保障范畴人员补缴社会保险缴纳费用，原则上单位缴费部分由原安置单位负担，个人缴费部分由个人负担。

问：**单位和个人无力补缴怎么办**

答：《意见》规定原安置单位已不存在或缴纳确有困难的，由原安置单位上级主管部门负责补缴；上级主管部门不存在或无力缴纳的，由安置地退役军人事务主管部门申请财政资金解决。对属于最低生活保障对象、特困人员的，地方政府对个人缴纳部分予以适当补助。政府补缴年限不超过本人军龄。

问：**缴费基数是多少**

答：《意见》规定，补缴城镇职工基本养老保险和医疗保险缴费工资基数分别为补缴时安置地和参保地上年度职工平均工资的60%，单位和个人缴费费率按补缴时当地规定执行，相应记录个人权益。

问：补缴手续怎么办

答：本着便于操作，让服务保障对象少跑路的原则，《意见》提出，符合政策保障范畴人员持本人有效身份证件和相关退役证明，到安置地退役军人事务主管部门或相关部门登记军龄、提出申请后，安置地退役军人事务主管部门负责将相关信息及证明材料分别提供给安置地（或参保地）社会保险、医疗保险及相关征收机构，相关部门分不同情况，对退役信息、参保信息、单位和个人困难情况等进行审核确认后，分类为符合政策保障条件人员办理参保和补缴手续。

问：补缴后仍达不到领取待遇条件怎么办

答：《意见》的基本原则是按照服役年限，对符合保障条件对象断保情况予以帮扶援助，这体现了对退役士兵服役贡献的褒奖。同时，国家也鼓励退役士兵通过个人努力，充分享受国家普惠性的政策保障。

一是达到法定退休年龄、基本养老保险累计缴费年限（含军龄）未达到国家规定最低缴费年限的，允许延长缴费至最低缴费年限。《中华人民共和国社会保险法》实施前参保、延长缴费5年后仍不足国家规定最低缴费年限的，允许一次性缴费至最低缴费年限。达到法定退休年龄、城镇职工基本医疗保险累计缴费年限（含军龄）未达到国家规定年限的，可以缴费至国家规定年限。

二是对服役时间短，相对年轻人员，国家明确要求各地通过教育培训、推荐就业、扶持创业等方式，帮助他们就业创业，以解决他们的生活保障问题。

三是年龄偏大、扶持后仍就业困难的退役士兵，符合条件的，优先通过政府购买的公共服务岗位帮扶就业，要求用工单位依法给他们缴纳社会保险费。

问：补缴工作涉及时间跨度大、人员类别多，有些情形该如何甄别鉴定

答：《意见》实施后，将重点通过建立部门会商机制，借助信息化手段等，对符合保障条件人员的服役信息、退役情形、参保情形、生活困难情况以及原安置单位目前状况进行甄别鉴定，确保不发生错保漏保情况。

涉及的单位部门和符合保障条件对象也要准确理解和执行政策，切实履行好权利和义务，有能力的要主动承担相关费用。特别是符合保障条件对象要据实提供参保信息，如果因为信息不全造成重复缴费，不仅不能提高待遇标准，还会增加个人缴费负担。

（新华网 2019 年 4 月 28 日，记者梅世雄）

延伸阅读：

1.中共中央办公厅 国务院办公厅印发《关于解决部分退役士兵社会保险问题的意见》，2019-04-28，来源：新华社，中华人民共和国退役军人事务部网站，网址链接：https://www.mva.gov.cn/gongkai/zfxxgkpt/fdzdgknr/fgzc/gfxwj/201904/t20190428_26252.html。

2.《中办国办印发<关于解决部分退役士兵社会保险问题的意见>，退役军人事务部作解读》，中华人民共和国退役军人事务部网站，网址链接：http://www.mva.gov.cn/jiedu/zcjd/201904/t20190428_26251.html。

3.[新闻联播]联播快讯-部分退役士兵社会保险补缴正加速推进，2020-07-29，央视网，网址链接：https://tv.cctv.com/2020/07/29/VIDEJcHHgtRomMaGlkGLc6Ld200729.shtml。

相关法条：

《中华人民共和国社会保险法》（2018 年修正）

第十条 职工应当参加基本养老保险，由用人单位和职工共同缴纳基本养老保险费。

无雇工的个体工商户、未在用人单位参加基本养老保险的非全日制从业人员以及其他灵活就业人员可以参加基本养老保险，由个人缴纳基本养老保险费。

公务员和参照公务员法管理的工作人员养老保险的办法由国务院规定。

第十一条 基本养老保险实行社会统筹与个人账户相结合。

基本养老保险基金由用人单位和个人缴费以及政府补贴等组成。

第十二条 用人单位应当按照国家规定的本单位职工工资总额的比例缴纳基本养老保险费，记入基本养老保险统筹基金。

职工应当按照国家规定的本人工资的比例缴纳基本养老保险费，记入个人账户。

无雇工的个体工商户、未在用人单位参加基本养老保险的非全日制从业人员以及其他灵活就业人员参加基本养老保险的，应当按照国家规定缴纳基本养老保险费，分别记入基本养老保险统筹基金和个人账户。

《中华人民共和国退役军人保障法》

第十八条 退役军人原所在部队应当按照有关法律法规规定，及时将退役军人及随军未就业配偶的养老、医疗等社会保险关系和相应资金，转入安置地社会保险经办机构。

安置地人民政府退役军人工作主管部门应当与社会保险经办机构、军队有关部门密切配合，依法做好有关社会保险关系和相应资金转移接续工作。

第四十一条　退役军人未能及时就业的，在人力资源和社会保障部门办理求职登记后，可以按照规定享受失业保险待遇。

社会生活篇

　　退役军人告别相对单一的军旅生活，开始走向复杂也更为丰富多彩的社会生活，各种随之而来的风险也在增加，这些风险是习惯了军营生活的人们无法想象的。本篇着重解决退役军人在初返社会生活时可能遇到的各种法律问题。

一、致敬英烈，捍卫荣光

案例一：

英雄烈士用鲜血、生命捍卫祖国领土，其名誉、荣誉不容诋毁。2021年2月19日，解放军报等各大媒体披露了2020年6月，在边境与外军冲突中，我军4名官兵为国戍边壮烈牺牲，团长受重伤的英雄事迹。他们的英雄事迹经媒体报道后，引起了强烈反响。网名"辣笔小球"在新浪微博发布恶意歪曲事实真相、诋毁贬损5名卫国戍边英雄官兵的违法言论，社会影响极其恶劣。公安机关接群众举报后，立刻展开侦查，2月19日晚，南京市公安局将"辣笔小球"仇XX抓获，遂即对其刑事拘留，2月20日，犯罪嫌疑人仇XX被公安机关刑事拘留。2月25日，公安机关以涉嫌寻衅滋事罪提请检察机关批准逮捕。检察机关审查认为，犯罪嫌疑人仇XX利用信息网络贬低、嘲讽英雄烈士，侵害英雄烈士的名誉、荣誉，社会影响恶劣，情节严重。根据《中华人民共和国刑法》第二百九十九条之一的规定，南京市建邺区人民检察院依法以涉嫌侵害英雄烈士名誉、荣誉罪对犯罪嫌疑人仇XX批准逮捕。为维护英雄烈士的合法权益，在军事检察机关的支持配合下，南京检察机关决定公益诉讼立案并开展调查。

2021年6月21日，南京市建邺区人民法院当庭作出判决，仇XX（即"辣笔小球"）因犯侵害英雄烈士名誉、荣誉罪，被判处其有期徒刑8个月。与此同时，"辣笔小球"还须在判决生效之日起十日内，通过国内主要门户网站及全国性媒体公开赔礼道歉，消除影响。

延伸阅读：
严惩！"'辣笔小球'诋毁戍边英雄案"入选最高检指导性案例
中国退役军人 2022-02-21 18:00

2021 年 2 月，仇某（微博账号"辣笔小球"）在新浪微博发布言论，歪曲卫国戍边英雄烈士事迹，诋毁、贬损英雄烈士名誉、荣誉。江苏南京检察机关及时介入，依法以涉嫌侵害英雄烈士名誉、荣誉罪，对仇某批准逮捕，并对其提起公诉。仇某成为我国首个适用侵害英雄烈士名誉、荣誉罪罪名的犯罪嫌疑人，最终受到了法律的惩处。

21 日，该案被作为最高人民检察院第三十四批指导性案例发布。这批案例以"网络时代人格权刑事保护"为主题，共 5 件。

案例二：

2021 年 7 月 15 日，李某贤在新疆和田地区皮山县赛图拉镇康西瓦烈士陵园内，先是踩踏刻有烈士陵园名称的石碑底座，斜倚碑身摆拍后，又到陈祥榕烈士墓前，满脸嬉笑脚踩墓碑底座，用手比作"手枪"状对着烈士墓碑再次摆拍。同日，李某贤将上述照片在微信朋友圈公开发布，经多名微信好友指出照片内容对英雄烈士不尊重后，遂删除该内容。为获取流量关注，李某贤又再次将照片发布至今日头条个人账号，上述照片在网络上迅速传播扩散，引发社会公众强烈愤慨，造成恶劣影响。

新疆检察机关发现后，第一时间采取措施，谴责不当行为，引导社会舆论，并督促公安机关于 7 月 22 日对李某贤立案侦查，皮山县人民检察院依法提前介入侦查。同时，自治区人民检察院

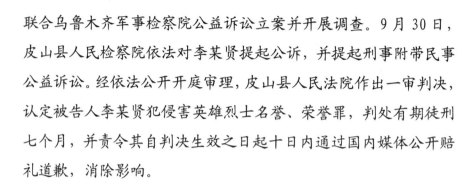

联合乌鲁木齐军事检察院公益诉讼立案并开展调查。9月30日，皮山县人民检察院依法对李某贤提起公诉，并提起刑事附带民事公益诉讼。经依法公开开庭审理，皮山县人民法院作出一审判决，认定被告人李某贤犯侵害英雄烈士名誉、荣誉罪，判处有期徒刑七个月，并责令其自判决生效之日起十日内通过国内媒体公开赔礼道歉，消除影响。

解析：

习近平总书记在颁发中国人民抗日战争胜利 70 周年纪念章仪式上说："一个有希望的民族不能没有英雄，一个有前途的国家不能没有先锋。"英雄烈士的事迹和精神，是中华民族共同的历史记忆和宝贵的精神财富，是实现中华民族伟大复兴中国梦的强大精神动力。

有一段时间以来，社会上有些人以"学术自由""还原历史""探究细节"等为名，制造历史虚无主义，通过网络、书刊等丑化、诋毁、贬损、质疑英雄烈士，歪曲历史特别是近现代历史和中国领导中国人民进行革命斗争的历史，他们抹黑一些有代表性的英烈群体、人物如狼牙山五壮士、邱少云等英雄烈士群体和个人。其实质是动摇中国共产党的执政根基和否定中国特色社会主义制度。

侮辱、诋毁英雄烈士，是对民族感情的伤害、对法治底线的突破、对社会主义核心价值观的侵犯。英雄不容亵渎、先烈不容诋毁。一些全国人大代表、全国政协委员和群众来信都建议尽快制定或完善相关法律，以法律的武器守护和捍卫英烈。全国人大常委会高度重视英雄烈士保护立法工作。

焦点时刻

　　大力弘扬社会主义核心价值观。坚持在制定司法解释、审判执行案件中全面贯彻社会主义核心价值观。认真落实英雄烈士保护法，陕西、江西法院依法审理叶挺、方志敏烈士名誉权案，旗帜鲜明保护英烈名誉荣誉。

　　依法审理公益诉讼案件。审结检察机关和社会组织提起的公益诉讼案件 1919 件。会同最高人民检察院出台司法解释，明确检察公益诉讼案件审理规则。……江苏、山东等地法院依法审理侮辱消防烈士公益诉讼案，以司法手段捍卫英烈荣光。

　　——最高人民法院工作报告，2019 年 3 月 12 日十三届全国人大二次会议第三次全体会议

2017 年 3 月，十二届全国人大五次会议通过的民法总则第一百八十五条明确规定侵犯英雄烈士的姓名、肖像、名誉、荣誉，损害公共利益的，承担民事责任。

2017 年 7 月，全国人大常委会启动英雄烈士保护立法程序。

2018 年 4 月，十三届全国人大常委会二次会议二审通过了《英雄烈士保护法》。该法全面加强对英雄烈士的保护，并建立侵害英雄烈士名誉荣誉的公益诉讼制度，于 2018 年 5 月 1 日起实施。

2020 年 5 月，中华人民共和国第十三届全国人民代表大会第三次会议通过《中华人民共和国民法典》，自 2021 年 1 月 1 日起

施行。根据民法典新增设的人格权编，民事主体的名誉权、荣誉权等人格权受法律保护，任何组织或者个人不得侵害。人格权受到侵害的，受害人的停止侵害、排除妨碍、消除危险、消除影响、恢复名誉、赔礼道歉请求权，不适用诉讼时效的规定。

2020 年 12 月，全国人大表决通过《刑法修正案（十一）》。其中，第三十五条明确：侮辱、诽谤或者以其他方式侵害英雄烈士的名誉、荣誉，损害社会公共利益，情节严重的，处三年以下有期徒刑、拘役、管制或者剥夺政治权利。

最高人民法院和最高人民检察院也发布相关指导案例。

2016 年 10 月 19 日，即在英烈保护法制定之前，最高人民法院以案例指导方式聚焦英烈权益保护，发布人民法院依法保护英雄人物合法权益的保护"狼牙山五壮士"等英雄人物人格权益等 5 个典型案例，对诋毁、侮辱、诽谤英雄人物人格，丑化英雄人物形象的行为进行有效遏制，以司法公正引领社会公正，积极引导社会公众崇尚英雄、捍卫英雄、学习英雄、关爱英雄，获得广大群众一致称赞。

2018 年，最高人民检察院发布第十三批指导性案例（检例第 51 号）"曾云侵害英烈名誉案"。2018 年 5 月，网民曾某在微信群公开对消防烈士谢勇发表一系列侮辱性言论，歪曲烈士谢勇英勇牺牲的事实。江苏省淮安市检察院依法对曾某提起民事公益诉讼。6月，淮安市中级法院判决曾某 7 日内在本地市级报纸上公开赔礼道歉。

2019 年，最高人民检察院发布 26 件公益诉讼典型案例，其中包括山西省寿阳县羊头崖烈士纪念设施疏于管理公益诉讼案、河北省保定市人民检察院诉霍某侵害凉山烈士名誉权、荣誉权民事公益诉讼案。

2020 年 5 月 13 日，最高人民法院举行新闻发布会，发布人民法院大力弘扬社会主义核心价值观十大典型民事案例。其中包括两个英雄烈士名誉公益诉讼案例（董存瑞、黄继光英雄烈士名誉权纠纷公益诉讼案）和淮安谢勇烈士名誉权纠纷公益诉讼案。

2021 年，最高检发布检察公益诉讼起诉典型案例，公布了湖南省常德市检察院诉唐某成侵害刘磊烈士名誉民事公益诉讼案。

这些案例的公布，传递了以司法手段维护和弘扬社会主义核心价值观的鲜明价值导向，体现了司法与立法的良性互动。

延伸阅读：

1.《最高人民检察院和退役军人事务部联合发布红色资源保护公益诉讼典型案例 多方合力做好红色资源保护工作》，载《中国国防报》2021 年 7 月 15 日第 1 版。

2.《让英烈荣光永续传扬——写在英烈保护法施行之际》，2018 年 05 月 02 日 09:00 来源：新华网，中华人民共和国退役军人事务部网站，网址链接：https://www.mva.gov.cn/jiedu/zcjd/201807/t20180718_13044.html。

相关法条：

《中华人民共和国英雄烈士保护法》

第二十二条 禁止歪曲、丑化、亵渎、否定英雄烈士事迹和精神。

英雄烈士的姓名、肖像、名誉、荣誉受法律保护。任何组织和个人不得在公共场所、互联网或者利用广播电视、电影、出版物等，以侮辱、诽谤或者其他方式侵害英雄烈士的姓名、肖像、名誉、荣誉。任何组织和个人不得将英雄烈士的姓名、肖像用于或者变相用于商标、商业广告，损害英雄烈士的名誉、荣誉。

公安、文化、新闻出版、广播电视、电影、网信、市场监督管理、负责英雄烈士保护工作的部门发现前款规定行为的，应当依法及时处理。

第二十三条 网信和电信、公安等有关部门在对网络信息进行依法监督管理工作中，发现发布或者传输以侮辱、诽谤或者其他方式侵害英雄烈士的姓名、肖像、名誉、荣誉的信息的，应当要求网络运营者停止传输，采取消除等处置措施和其他必要措施；对来源于中华人民共和国境外的上述信息，应当通知有关机构采取技术措施和其他必要措施阻断传播。

网络运营者发现其用户发布前款规定的信息的，应当立即停止传输该信息，采取消除等处置措施，防止信息扩散，保存有关记录，并向有关主管部门报告。网络运营者未采取停止传输、消除等处置措施的，依照《中华人民共和国网络安全法》的规定处罚。

第二十四条　任何组织和个人有权对侵害英雄烈士合法权益和其他违反本法规定的行为，向负责英雄烈士保护工作的部门、网信、公安等有关部门举报，接到举报的部门应当依法及时处理。

第二十五条　对侵害英雄烈士的姓名、肖像、名誉、荣誉的行为，英雄烈士的近亲属可以依法向人民法院提起诉讼。

英雄烈士没有近亲属或者近亲属不提起诉讼的，检察机关依法对侵害英雄烈士的姓名、肖像、名誉、荣誉，损害社会公共利益的行为向人民法院提起诉讼。

负责英雄烈士保护工作的部门和其他有关部门在履行职责过程中发现第一款规定的行为，需要检察机关提起诉讼的，应当向检察机关报告。

英雄烈士近亲属依照第一款规定提起诉讼的，法律援助机构应当依法提供法律援助服务。

第二十六条　以侮辱、诽谤或者其他方式侵害英雄烈士的姓名、肖像、名誉、荣誉，损害社会公共利益的，依法承担民事责任；构成违反治安管理行为的，由公安机关依法给予治安管理处罚；构成犯罪的，依法追究刑事责任。

第二十七条　在英雄烈士纪念设施保护范围内从事有损纪念英雄烈士环境和氛围的活动的，纪念设施保护单位应当及时劝阻；不听劝阻的，由县级以上地方人民政府负责英雄烈士保护工作的部门、文物主管部门按照职责规定给予批评教育，责令改正；构成违反治安管理行为的，由公安机关依法给予治安管理处罚。

亵渎、否定英雄烈士事迹和精神，宣扬、美化侵略战争和侵略行为，寻衅滋事，扰乱公共秩序，构成违反治安管理行为的，由公安机关依法给予治安管理处罚；构成犯罪的，依法追究刑事责任。

第二十八条 侵占、破坏、污损英雄烈士纪念设施的，由县级以上人民政府负责英雄烈士保护工作的部门责令改正；造成损失的，依法承担民事责任；被侵占、破坏、污损的纪念设施属于文物保护单位的，依照《中华人民共和国文物保护法》的规定处罚；构成违反治安管理行为的，由公安机关依法给予治安管理处罚；构成犯罪的，依法追究刑事责任。

《中华人民共和国民法典》

第一百八十五条 侵害英雄烈士等的姓名、肖像、名誉、荣誉，损害社会公共利益的，应当承担民事责任

第九百九十条 人格权是民事主体享有的生命权、身体权、健康权、姓名权、名称权、肖像权、名誉权、荣誉权、隐私权等权利。

除前款规定的人格权外，自然人享有基于人身自由、人格尊严产生的其他人格权益。

第九百九十一条 民事主体的人格权受法律保护，任何组织或者个人不得侵害。

第九百九十四条 死者的姓名、肖像、名誉、荣誉、隐私、遗体等受到侵害的，其配偶、子女、父母有权依法请求行为人承担民事责任；死者没有配偶、子女且父母已经死亡的，其他近亲

属有权依法请求行为人承担民事责任。

第九百九十五条 人格权受到侵害的，受害人有权依照本法和其他法律的规定请求行为人承担民事责任。受害人的停止侵害、排除妨碍、消除危险、消除影响、恢复名誉、赔礼道歉请求权，不适用诉讼时效的规定。

《中华人民共和国民事诉讼法》

第十五条 机关、社会团体、企业事业单位对损害国家、集体或者个人民事权益的行为，可以支持受损害的单位或者个人向人民法院起诉。

第五十五条 对污染环境、侵害众多消费者合法权益等损害社会公共利益的行为，法律规定的机关和有关组织可以向人民法院提起诉讼。

人民检察院在履行职责中发现破坏生态环境和资源保护、食品药品安全领域侵害众多消费者合法权益等损害社会公共利益的行为，在没有前款规定的机关和组织或者前款规定的机关和组织不提起诉讼的情况下，可以向人民法院提起诉讼。前款规定的机关或者组织提起诉讼的，人民检察院可以支持起诉。

《刑法修正案(十一)》

第三十五条 在刑法第二百九十九条后增加一条，作为第二百九十九条之一："侮辱、诽谤或者以其他方式侵害英雄烈士的名誉、荣誉，损害社会公共利益，情节严重的，处三年以下有期徒刑、拘役、管制或者剥夺政治权利。"

二、"公序良俗"应如何理解

案例一：

A 景区为国家 AAA 级旅游景区，不设门票。A 村村民委员会系景区内堤河道旁杨梅树的所有人，其未向村民或游客提供免费采摘杨梅的活动。2017 年 5 月 19 日下午，A 村村民吴某私自上树采摘杨梅不慎从树上跌落受伤。随后，有村民将吴某送 A 村医务室，但当时医务室没有人员。有村民拨打 120 电话，但 120 救护车迟迟未到。后 A 村村民李某自行开车送吴某到甲医院治疗。吴某于当天转至乙医院治疗，后因抢救无效于当天死亡。

A 村曾于 2014 年 1 月 26 日召开会议表决通过《A 村村规民约》，该村规民约第二条规定：每位村民要自觉维护村集体的各项财产利益，每个村民要督促自己的子女自觉维护村内的各项公共设施和绿化树木，如有村民故意破坏或损坏公共设施，要负责赔偿一切费用。

吴某配偶和子女向 A 村所在地人民法院起诉，主张 A 村村民委员会未尽到安全保障义务，在本案事故发生后，被告未采取及时和必要的救助措施，应对吴某的死亡承担责任。请求判令被告承担 70% 的人身损害赔偿责任 631346.31 元。

人民法院于 2017 年 12 月作出判决：1.被告 A 村村民委员会向原告赔偿 45096.17 元，于本判决发生法律效力之日起十日内付清；2.驳回原告的其他诉讼请求。宣判后，原告与 A 村村民委员会均提出上诉。中级人民法院于 2018 年 4 月作出民事判决：驳回上诉，维持原判。二审判决生效后，中级人民法院于 2019 年 11 月作出民事裁定，再审本案。中级人民法院于 2020 年 1 月作出民事判决：1.撤销 2018 的民事判决及 A 村所在地人民法院 2017 年的民事判决；2.驳回原告的诉讼请求。

案例二：

朱某（女）与陆某（男）于 2005 年登记结婚。在结婚十周年之际，朱某发现丈夫与李某有婚外情。由于工作原因，陆某经常在承包工地留宿，并需要与客户应酬。在娱乐场所的一次觥筹交错之间，陆某与还未满 20 岁的李某结识，迅速发展为情人关系并同居。2015 年 1 月，李某与陆某生育一子。同年 9 月，陆某部分出资 20 万元为李某在苏州 XX 区购入一套价值 75 万元的商品房。其后，陆某又出资 30 万元为李某购买了一辆轿车。朱某得知实情后诉至所在区人民法院，要求李某返还 50 万元。

江苏省苏州市 XX 区人民法院经审理认为，朱某与陆某未对夫妻共同财产做出特别约定，因此二人在婚姻关系存续期间取得的财产属于夫妻共同所有，夫妻二人有平等的处理权。陆某向李某赠与的购房款 20 万元以及购车款 30 万元属于夫妻共同财产，陆某擅自将夫妻共同财产赠与李某，侵犯了夫妻共同财产权，其行为应属无效。遂判决李某向朱某返还 50 万元。

解析：

公序良俗是公共秩序和善良风俗的合称，也是现代民法一项重要的法律原则，是指一切民事活动应当遵守公共秩序及善良风俗。公序良俗是法国、日本、意大利等大陆法系国家以及中国澳门和中国台湾地区民法典中使用的概念，我国法律中近年来也明确使用了这一概念。公共秩序和善良风俗是法治国家与法治社会建设的重要内容，也是衡量社会主义法治与德治建设水准的重要标志。

法律名言

法律的真正目的是诱导那些受法律支配的人求得他们自己的德行。

——〔意〕阿奎那

倡导、培育和维护公序良俗，谴责、制裁、摒除各类失德行为或丑恶现象，是法律的重要功能。由于民事活动复杂多样，而法律的滞后性往往又使法律不可能预见所有损害社会公共利益、公共道德秩序的行为而作出详尽的禁止性规定。因此，在法律中明确公序良俗原则，并规定违背公序良俗的民事法律行为无效，

可以有效弥补法律禁止性规定的不足，实现民事主体的个体利益与社会公共利益的平衡。国家通过制定法律引领形成良好的社会风尚，使讲仁爱、重民本、守诚信、崇正义、尚和合、

求大同等中华优秀传统文化在新的历史条件下得到弘扬和传承，促使道德和法律共同发挥作用。

案例一中，A村村民委员会作为A村景区的管理人，虽负有保障游客免遭损害的安全保障义务，但安全保障义务内容不是无限的。作为开放式景区，不能要求A村村民委员会对景区内的所有树木加以围蔽、设置警示标志或采取其他防护措施，这不仅加大景区成本，而且影响景区观赏效果。从遵守社会公共秩序和文明举止的角度谈，村民或游客未经他人允许擅自爬上他人树木采摘杨梅，是一种不文明的行为。吴某作为具有完全民事行为能力的成年人，应当充分预见攀爬杨梅树采摘杨梅的危险性，并自觉规避此类危险行为。吴某作为A村村民，《A村村规民约》规定：村民要自觉维护村集体的各项财产利益，包括公共设施和绿化树木等。吴某应知晓这一公约，也应该能够认识到私自爬树采摘杨梅的性质。而且，A村村民委员会对吴某私自爬树坠亡的后果不存在过错。吴某坠亡系其自身过失行为所致，A村村民委员会难以预见和防止吴某私自爬树及可能产生的后果。吴某跌落受伤后，A村村民委员会主任李某及时拨打120电话求救，在救护车到达前，另有村民驾车将吴某送往医院救治。因此，A村村民委员会对吴某损害后果的发生不存在过错。最后，人民法院判决中，A村村民委员会并未违反安全保障义务，对吴某的死亡不承担赔偿责任是符合立法主旨和立法原则的。

案例二中，陆某私自处分的财产为婚内夫妻共同共有财产。家庭是社会生活的基本单位，受到法律的保护和社会道德约束。

作为妻子的朱某要求第三人李某返还财产，既有明确的法律依据，也符合社会道德的基本要求。《中华人民共和国民法典》明确规定："婚姻家庭受国家保护。"并且将公序良俗用法律的形式予以明确，如规定："禁止包办、买卖婚姻和其他干涉婚姻自由的行为。禁止借婚姻索取财物。禁止重婚。禁止有配偶者与他人同居。禁止家庭暴力。禁止家庭成员间的虐待和遗弃。""家庭应当树立优良家风，弘扬家庭美德，重视家庭文明建设。夫妻应当互相忠实，互相尊重，互相关爱；家庭成员应当敬老爱幼，互相帮助，维护平等、和睦、文明的婚姻家庭关系。"将有损社会公序良俗的行为用法律禁止。夫妻对共有财产享有平等的处理权，配偶一方的共同财产权应得到法律的保护。如果赠与人的赠与行为损害了配偶一方的财产权益，配偶一方以赠与行为侵犯其夫妻共同财产权为由起诉主张返还的，应当予以支持。作为他人婚姻的"第三者"，既要受到社会道德的

退役大学生士兵组成志愿队战斗在校园疫情防控一线。魏玉茹摄（图片来源：国家退役军人事务部网站）

谴责，亦无法得到法律的保护。

在我国，对公序良俗的尊重和倡导体现在许多具体的法律中。1986年中华人民共和国第六届全国人民代表大会第四次会议通过的《中华人民共和国民法通则》第六条规定："民事活动必

须遵守法律，法律没有规定的，应当遵守国家政策。"第七条规定："民事活动应当尊重社会公德，不得损害社会公共利益。"2017 年修订的《中华人民共和国民法总则》第八条规定："民事主体从事民事活动，不得违反法律，不得违背公序良俗。"2020 年颁布实施的《中华人民共和国民法典》沿用了这一条文。同时第一百四十三条规定："具备下列条件的民事法律行为有效：（一）行为人具有相应的民事行为能力；（二）意思表示真实；（三）不违反法律、行政法规的强制性规定，不违背公序良俗。"将公序良俗作为认定民事法律行为有效的必备条件之一。第一百五十三条规定："违反法律、行政法规的强制性规定的民事法律行为无效。但是，该强制性规定不导致该民事法律行为无效的除外。违背公序良俗的民事法律行为无效。"可见，当存在损害国家利益、社会公益和社会道德秩序的行为，而又缺乏相应的强制性法律规定时，法院可依据公序良俗原则认定该行为无效。随着《民法典》的颁布与实施，"公序良俗"将不再是人们内心的道德评判，而是判定民事行为效力的重要依据；其价值在于将道德伦理规范引入法律适用，起到扩充法律渊源、弥补法律漏洞的作用。

他山之石

《法国民法典》

第 6 条：个人不得以特别约定违反有关公共秩序和善良风俗的法律。

《德国民法典》

第 138 条：违反善良风俗的行为无效。

《日本民法典》

第 90 条：以违反公共秩序或善良风俗的事项为标的的法律行为无效。

公序良俗原则不仅体现在实体法中，还体现在程序法中。2014 年 12 月 18 日由最高人民法院审判委员会第 1636 次会议通过的《最高人民法院关于适用〈中华人民共和国民事诉讼法〉的解释》也有所体现：其第一百零六条规定："对以严重侵害他人合法权益、违反法律禁止性规定或者严重违背公序良俗的方法形成或者获取的证据，不得作为认定案件事实的根据。"第三百六十条规定："经审查，调解协议有下列情形之一的，人民法院应当裁定驳回申请：（一）违反法律强制性规定的；（二）损害国家利益、社会公共利益、他人合法权益的；（三）违背公序良俗的；（四）违反自愿原则的；（五）内容不明确的；（六）其他不能进行司法确认的情形。"2019 年 9 月 11 日经最高人民法院审判委员会民事行政专业委员会第 319 次会议原则通过的《全国法院民商事审判工作会议纪要》第三十一条规定："违反规章一般情况下不影响合同效力，但该规章的内容涉及金融安全、市场秩序、国家宏观政策等公序良俗的，应当认定合同无效。人民法院在认定规章是否涉及公序良俗时，要在考察规范对象基础上，兼顾监管强度、交易安全保护以及社会影响等方面进行慎重考量，并在裁判文书中进行充分说理。"

八五普法

八五普法规划明确，实施公民法治素养提升行动，分步骤、有重点地持续推进，不断提升全体公民法治意识和法治素养，推进全民守法。要完善激励制约机制，形成好人好报、德者有得的正向效应，形成守法光荣、违法可耻的社会风尚。

法院对相关案件的处理还往往起着引领社会风尚的作用。如襄阳市中级人民法院公布的一起典型案例中，马某等人在佘某某、李某夫妻二人经营的餐馆就餐。李某因发现马某等人未结账即离开，于是沿路追赶，并呼喊买单再走，并拨打 110 报警。马某在逃跑过程中摔伤。事发后，马某遂诉至市中级人民法院，请求判令佘某某、李某赔偿其因被追摔伤所造成的各项经济损失。显然，马某等人就餐后未买单，也未告知餐馆经营人用餐费用怎么处理即离开饭店，属于吃"霸王餐"的不诚信行为。佘某某、李某在发现马某等人逃跑后追赶属于正当的自助行为。马某吃"霸王餐"是违反公序良俗的不文明行为，吃"霸王餐"后逃跑摔伤，反向餐馆索赔，不仅于法无据，更颠覆了社会公众的是非观。如果人民法院按照"我伤我有理""我闹我有理"，对吃"霸王餐"者无理的索赔请求给予支持，会造成极坏的社会影响。人民法院驳回马某的起诉，能起到助力形成诚信、友善、文明社会新风尚的良好作用。

延伸阅读：

1.中共中央 国务院转发《中央宣传部、司法部关于开展法治宣传教育的第八个五年规划》，《新华每日电讯》，来源，新华网，网址链接：http://www.xinhuanet.com//mrdx/2021-06/16/c_1310011011.htm。

2.中央宣传部、司法部负责人就《关于开展法治宣传教育的第八个五年规划（2021－2025 年)》答记者问，新华网，网址链接：http://www.xinhuanet.com/politics/2021-06/16/c_1127568783.htm。

3.《法治如何捍卫公序良俗？这个重要文件给了答案》，时间：2021-06-17 08:23 来源：新华社，中国长安网（中共中央政法委员会主办），http://www.chinapeace.gov.cn/chinapeace/c100007/2021-06/17/content_12499976.shtml。

相关法条：

《中华人民共和国民法典》

第八条 民事主体从事民事活动，不得违反法律，不得违背公序良俗。

第一百四十三条 具备下列条件的民事法律行为有效：

（一）行为人具有相应的民事行为能力；

（二）意思表示真实；

（三）不违反法律、行政法规的强制性规定，不违背公序良俗。

三、不当得利应返还，不应诉不影响审判

案例：

李某于 2018 年退伍，2018 年 8 月 16 日 X 县退役军人事务局为其打卡发放地方经济补助金 35000 元整，因银行系统发放后未显示打卡发放记录，导致 X 县退役军人事务局于 2019 年 9 月 4 日再次为其打卡发放 35000 元整，后经财务做账时发现李某个人账户重复发放地方经济补助金后，X 县退役军人事务局多次上门、打电话追回多发放的地方经济补助金，李某均不予配合。X 县退役军人事务局诉至县人民法院。县人民法院于 2020 年 1 月 9 日立案后，依法适用普通程序，于同年 7 月 10 日公开开庭缺席进行了审理。原告 X 县退役军人事务局的特别授权委托诉讼代理人唐洋到庭参加诉讼。被告李某经传唤，未做答辩，也未到庭参加诉讼和提供证据，视为放弃答辩、举证和质证权利。

一审法院经审理查明，依据《XX 省人民政府关于发放自主就业退役士兵地方经济补助的通知》相关规定，被告应享有地方经济补助金 35000 元。2019 年 8 月 16 日原告向被告账号上发放应领取的地方经济补助金 35000 元。后因银行系统未显示交易信息，2019 年 9 月 4 日原告再次向被告上述账号内转款 35000 元，属于重复发放。根据《中华人民共和国民法总则》第一百二十二条 "因他人没有法律根据，取得不当利益，受损失的人有权请求其返还不当利益" 之规定，原告重复向被告账户转款 35000 元后，

被告的占有行为没有合法根据，应当向原告返还。

县人民法院作出判决：限被告李某在本判决生效后十日内向原告 X 县退役军人事务局返还 35000 元。若李某未按判决指定的期间履行给付金钱义务，则应当依照《中华人民共和国民事诉讼法》第二百五十三条之规定，加倍支付迟延履行期间的债务利息。本案案件受理费 675 元、诉前财产保全费 380 元，合计 1055 元，由被告李某负担。如不服本判决，可以在判决书送达之日起 15 日内，向本院递交上诉状，并按照对方当事人或者代表人的人数提出副本，上诉于 XX 省 XX 市中级人民法院。

解析：

此案例涉及民法上的不当得利。不当得利是为有效调整私法上无法律原因的财产变动，平衡受益人与受损人之间的利益冲突而设立的一种债的制度。不当得利是引起债权债务关系发生的一种法律事实，因其引起此债完全是基于法律的规定，而不是基于当事人的意思表示，所以不当得利作为债的发生根据之一只能是事件而不是民事法律行为。不当得利由两方当事人构成：受有利益一方当事人和遭受损失一方当事人。财产受损失的叫受害人，是不当得利之债的债权人，享有请求受益人返还不当利益的债权。不当得利的事实发生后，受有利益一方应将取得的不当利益返还给受损失的人。

不当得利的具体特征根据有三：

一是双方当事人必须一方为受益人，他方为受害人。

二是受益人取得利益与受害人遭受损害之间必须有因果关系。

三是受益人取得利益没有合法根据。即：既没有法律上也没

有合同上的根据；

或曾有合法根据，

但后来丧失了这一

合法根据。

受益人在得知自己的受益没有合法根据或得知合法根据已经丧失后，有义务将已得的不当利益返还受害人。

名言警句

　　富与贵，是人之所欲也，不以其道得之，不处也，贫与贱，是人之所恶也，不以其道得之，不去也。君子去仁，恶乎成名？君子无终食之间违仁，造次必于是，颠沛必于是。

　　　　　　　　　　　　　　　　　　　　　　　——（鲁）孔子

　　君子爱财，取之有道。

　　　　　　　　　　　　　　　　　　　　　　　——《增广贤文》

关于不当得利的返还方式有两种：

一是原物返还，即当原物尚存时，应返还原物。

二是作价返还，即如果原物已不存在，则可作价偿还。

关于价额的计算方法，通说认为，当受益人所受利益为劳务时，其价额为劳务的通常报酬；当原物因附和而丧失所有权时，应以因附和对于受益人所生的利益即物的升值为标准；当原物因

他人侵权而灭失时，应以受益人所得赔偿额为限；当原物被消耗时，应以消耗时的市场价格为准。

案件审理过程中，被告李某虽经传唤，但未做答辩，也未到庭参加诉讼和提供证据。《中华人民共和国民事诉讼法》第一百四十三条规定，原告经人民法院传票传唤，无正当理由拒不到庭的，可按撤诉处理；被告反诉的，可以缺席判决。第一百四十四条规定，被告经人民法院传票传唤，无正当理由拒不到庭的，可以缺席判决。人民法院开庭审理案件时，如果遇到有一方当事人拒不到庭的情况，可以仅就到庭的另一方当事人进行询问、核对证据、听取意见。未到庭的一方视为放弃答辩、举证和质证权利。在查清全部案件事实的情况下，人民法院可以依法作出缺席判决。缺席判决同样具有法律效力。

相关法条：

在民法典之前，我国民事立法关于不当得利只有两个条文：

一是民法通则第九十二条："没有合法根据，取得不当利益，造成他人损失的，应当将取得的不当利益返还受损失的人"。

二是《最高人民法院关于贯彻执行<中华人民共和国民法通则>若干问题的意见（试行）》第一百三十一条规定："返还的不当利益，应当包括原物和原物所生的孳息。利用不当得利所取得的其他利益扣除劳务管理费用后，应当予以收缴。"

民法典（2021年1月1日生效）关于"不当得利"的规定更加清晰：

第九百八十五条 得利人没有法律根据取得不当利益的，受损失的人可以请求得利人返还取得的利益，但是有下列情形之一的除外：

（一）为履行道德义务进行的给付；

（二）债务到期之前的清偿；

（三）明知无给付义务而进行的债务清偿。

第九百八十六条　得利人不知道且不应当知道取得的利益没有法律根据，取得的利益已经不存在的，不承担返还该利益的义务。

第九百八十七条　得利人知道或者应当知道取得的利益没有法律根据的，受损失的人可以请求得利人返还其取得的利益并依法赔偿损失。

第九百八十八条　得利人已经将取得的利益无偿转让给第三人的，受损失的人可以请求第三人在相应范围内承担返还义务。

《中华人民共和国民事诉讼法》（2021年修正）

第一百四十六条　原告经传票传唤，无正当理由拒不到庭的，或者未经法庭许可中途退庭的，可以按撤诉处理；被告反诉的，可以缺席判决。

第一百四十七条　被告经传票传唤，无正当理由拒不到庭的，或者未经法庭许可中途退庭的，可以缺席判决。

四、网络生态，共同维护

案例：

2020年7月，杭州28岁的某女士在取快递时，被隔壁便利店老板郎某某偷拍，郎某某与朋友何某某分别饰演快递小哥和对面小区独自在家带孩子的"小富婆"在微信上聊天，编造了"富婆出轨快递小哥"的绯闻，然后将偷拍视频及捏造的微信聊天截图发至微信群内，在网上形成了裂变式传播。某女士向警方报警。网警发出辟谣公告，公安机关对郎某某和何某某也作出行政拘留9天的处罚。但因造谣者道歉态度消极，某女士向法院提起刑事自诉。期间，谣言在网络持续传播发酵，不仅严重损害被害人的名誉权，还严重扰乱网络公共秩序。某女士以"诽谤罪"向余杭区法院提起刑事自诉，12月14日，法院正式受理了立案申请。其间，杭州市余杭区人民检察院依据《刑法》第246条第2款之规定，建议杭州市公安局余杭分局以郎某某、何某某涉嫌诽谤罪立案侦查。2020年12月25日，杭州市公安局余杭分局对郎某某、何某某涉嫌诽谤案立案侦查。2021年2月26日，余杭区人民检察院对郎某某、何某某提起公诉；4月30日，余杭区人民法院开庭审理，当庭判处郎某某、何某某有期徒刑1年，缓刑2年。

解析：

互联网于1969年在美国诞生，之初主要应用于军事领域，此后向社会开放。自20世纪80年代进入商用以来取得了迅猛发展，至今已延伸、覆盖到了全球五大洲的 240 多个国家和地区。互联网信息传输凭借其独有的速度高、成本低、范围广的优势，已渗透到当代社会经济生活的各个领域，为人们日常工作、学习和生活提供了极大便利。我国互联网发展起步于 20 世纪 80 年代后期。1994 年，中国获准加入互联网并在同年 5 月完成全部中国联网工作。1995 年，中国首家互联网服务供应商瀛海威创立，中国普通人也可以进入互联网。2000 年，中国三大门户网站搜狐、新浪、网易在美国纳斯达克挂牌上市，中国网络发展进入一个新阶段。随着互联网的普及以及技术的进步，各种不同形式的网络应用不断涌现，互联网应用的领域不断拓宽。互联网的应用由早期的信息浏览、电子邮件发展到网络娱乐、信息获取等各个方面。据工业和信息化部数据显示，截至 2022 年 4 月，我国建成全球规模最大 5G 网络，累计开通 5G 基站 161.5 万个，占全球 5G 基站的 60%以上，登陆 5G 网络用户达 4.5 亿占全球的 70%以上。与网络繁荣同步，和网络有关的犯罪现象也明显增加。退役军人及其家属在日常生活也会经常接触到网络，要注意保护好自身权益，防止犯罪。

- - - 权威发布 -

　　来自最高检统计数据显示，2020 年，全国检察机关起诉涉嫌网络犯罪（含利用网络和利用电信实施的犯罪及其上下游关联犯罪）14.2 万人，同比上升 47.9%。当前，传统犯罪加速向网络空间蔓延，特别是利用网络实施的诈骗和赌博犯罪持续高发，2020 年已占网络犯罪总数的 64.4%。

　　在互联网社交平台诞生后的很长一段时间里，许多在互联网上"带节奏"造成严重负面影响的行为，是很难被认定为犯罪的。原因在于，刑法关于这些行为的规定并不多，主要有"诽谤罪""编造、故意传播虚假恐怖信息罪""编造、故意传播虚假信息罪"三罪。但是，"诽谤罪"要求存在"捏造事实"的情况，另外两罪则只针对"虚假的爆炸威胁、生化威胁、放射威胁等恐怖信息"与"虚假的险情、疫情、灾情、警情"。另外，网络也有许多其他不当行为和言论，容易造成不良影响，这是在使用网络时必须要注意的。

情况通报

平安北京 2021-12-31 11:59

近日，有网民举报，有人在微信群中发消息称：从2022年1月1日起，在京人员只出不进，2022年3月份以后才能返京。经查，此系虚假信息。北京警方经工作，将犯罪嫌疑人刘某杰（女，52岁）、刘某有（男，49岁）抓获。二人对凭空臆断，编造上述谣言并在微信群中传播的行为供认不讳。目前，二人已被警方依法刑事拘留。案件正在进一步工作中。

（平安北京截图）

1. 网络安全法对网络使用的规范

2016年11月7日，由中华人民共和国第十二届全国人民代表大会常务委员会第二十四次会议通过，自2017年6月1日起

施行的《中华人民共和国网络安全法》对网络使用者的行为作出明确规范:

第十二条 国家保护公民、法人和其他组织依法使用网络的权利,促进网络接入普及,提升网络服务水平,为社会提供安全、便利的网络服务,保障网络信息依法有序自由流动。

任何个人和组织使用网络应当遵守宪法法律,遵守公共秩序,尊重社会公德,不得危害网络安全,不得利用网络从事危害国家安全、荣誉和利益,煽动颠覆国家政权、推翻社会主义制度,煽动分裂国家、破坏国家统一,宣扬恐怖主义、极端主义,宣扬民族仇恨、民族歧视,传播暴力、淫秽色情信息,编造、传播虚假信息扰乱经济秩序和社会秩序,以及侵害他人名誉、隐私、知识产权和其他合法权益等活动。

第十四条 任何个人和组织有权对危害网络安全的行为向网信、电信、公安等部门举报。收到举报的部门应当及时依法作出处理;不属于本部门职责的,应当及时移送有权处理的部门。有关部门应当对举报人的相关信息予以保密,保护举报人的合法权益。

第四十六条 任何个人和组织应当对其使用网络的行为负责,不得设立用于实施诈骗,传授犯罪方法、制作或者销售违禁物品、管制物品等违法犯罪活动的网站、通讯群组,不得利用网络发布涉及实施诈骗,制作或者销售违禁物品、管制物品以及其他违法犯罪活动的信息。

2. 国家关于网络信息内容生态治理的规定

国家互联网信息办公室室务会议审议通过，自 2020 年 3 月

1 日起施行的《网络信息内容生态治理规定》，明确其宗旨为"以培育和践行社会主义核心价值观为根本，以网络信息内容为主要治理对象，以建立健全网络综合治理体系、营造清朗的网络空间、建设良好的网络生态为目标，开展的弘扬正能量、处置违法和不良信息等相关活动。"该条例规定，网络信息内容生产者应当遵守法律法规，遵循公序良俗，不得损害国家利益、公共利益和他人合法权益。

对网络信息生产者的要求：

第六条 网络信息内容生产者不得制作、复制、发布含有下列内容的违法信息：

（一）反对宪法所确定的基本原则的；

（二）危害国家安全，泄露国家秘密，颠覆国家政权，破坏国家统一的；

（三）损害国家荣誉和利益的；

（四）歪曲、丑化、亵渎、否定英雄烈士事迹和精神，以侮辱、诽谤或者其他方式侵害英雄烈士的姓名、肖像、名誉、荣誉的；

（五）宣扬恐怖主义、极端主义或者煽动实施恐怖活动、极

端主义活动的；

（六）煽动民族仇恨、民族歧视，破坏民族团结的；

（七）破坏国家宗教政策，宣扬邪教和封建迷信的；

（八）散布谣言，扰乱经济秩序和社会秩序的；

（九）散布淫秽、色情、赌博、暴力、凶杀、恐怖或者教唆犯罪的；

（十）侮辱或者诽谤他人，侵害他人名誉、隐私和其他合法权益的；

（十一）法律、行政法规禁止的其他内容。

第七条 网络信息内容生产者应当采取措施，防范和抵制制作、复制、发布含有下列内容的不良信息：

（一）使用夸张标题，内容与标题严重不符的；

（二）炒作绯闻、丑闻、劣迹等的；

（三）不当评述自然灾害、重大事故等灾难的；

（四）带有性暗示、性挑逗等易使人产生性联想的；

（五）展现血腥、惊悚、残忍等致人身心不适的；

（六）煽动人群歧视、地域歧视等的；

（七）宣扬低俗、庸俗、媚俗内容的；

（八）可能引发未成年人模仿不安全行为和违反社会公德行为、诱导未成年人不良嗜好等的；

（九）其他对网络生态造成不良影响的内容。

对网络信息内容服务使用者的要求：

第十八条 网络信息内容服务使用者应当文明健康使用网

络，按照法律法规的要求和用户协议约定，切实履行相应义务，在以发帖、回复、留言、弹幕等形式参与网络活动时，文明互动，理性表达，不得发布本规定第六条规定的信息，防范和抵制本规定第七条规定的信息。

第十九条 网络群组、论坛社区版块建立者和管理者应当履行群组、版块管理责任，依据法律法规、用户协议和平台公约等，规范群组、版块内信息发布等行为。

第二十条 鼓励网络信息内容服务使用者积极参与网络信息内容生态治理，通过投诉、举报等方式对网上违法和不良信息进行监督，共同维护良好网络生态。

第二十一条 网络信息内容服务使用者和网络信息内容生产者、网络信息内容服务平台不得利用网络和相关信息技术实施侮辱、诽谤、威胁、散布谣言以及侵犯他人隐私等违法行为，损害他人合法权益。

第二十二条 网络信息内容服务使用者和网络信息内容生产者、网络信息内容服务平台不得通过发布、删除信息以及其他干预信息呈现的手段侵害他人合法权益或者谋取非法利益。

第二十三条 网络信息内容服务使用者和网络信息内容生产者、网络信息内容服务平台不得利用深度学习、虚拟现实等新技术新应用从事法律、行政法规禁止的活动。

第二十四条 网络信息内容服务使用者和网络信息内容生产者、网络信息内容服务平台不得通过人工方式或者技术手段实施流量造假、流量劫持以及虚假注册账号、非法交易账号、操纵用户账号等行为，破坏网络生态秩序。

第二十五条 网络信息内容服务使用者和网络信息内容生产者、网络信息内容服务平台不得利用党旗、党徽、国旗、国徽、国歌等代表党和国家形象的标识及内容，或者借国家重大活动、重大纪念日和国家机关及其工作人员名义等，违法违规开展网络商业营销活动。

第四十条 违反本规定，给他人造成损害的，依法承担民事责任；构成犯罪的，依法追究刑事责任；尚不构成犯罪的，由有关主管部门依照有关法律、行政法规的规定予以处罚。

3.利用信息网络实施诽谤等刑事犯罪的法律适用

最高人民法院与最高人民检察院于 2013 年 9 月发布了《关于办理利用信息网络实施诽谤等刑事案件适用法律若干问题的解释》对此作出了明确规定，其内容如下：

第一条 具有下列情形之一的，应当认定为刑法第二百四十六条第一款规定的"捏造事实诽谤他人"：

（一）捏造损害他人名誉的事实，在信息网络上散布，或者组织、指使人员在信息网络上散布的；

（二）将信息网络上涉及他人的原始信息内容篡改为损害他人名誉的事实，在信息网络上散布，或者组织、指使人员在信息网络上散布的；明知是捏造的损害他人名誉的事实，在信息网络上散布，情节恶劣的，以"捏造事实诽谤他人"论。

第二条 利用信息网络诽谤他人，具有下列情形之一的，应当认定为刑法第二百四十六条第一款规定的"情节严重"：

（一）同一诽谤信息实际被点击、浏览次数达到五千次以上，或者被转发次数达到五百次以上的；

（二）造成被害人或者其近亲属精神失常、自残、自杀等严重后果的；

（三）二年内曾因诽谤受过行政处罚，又诽谤他人的；

（四）其他情节严重的情形。

第三条　利用信息网络诽谤他人，具有下列情形之一的，应当认定为刑法第二百四十六条第二款规定的"严重危害社会秩序和国家利益"：

（一）引发群体性事件的；

（二）引发公共秩序混乱的；

（三）引发民族、宗教冲突的；

（四）诽谤多人，造成恶劣社会影响的；

（五）损害国家形象，严重危害国家利益的；

（六）造成恶劣国际影响的；

（七）其他严重危害社会秩序和国家利益的情形。

第四条　一年内多次实施利用信息网络诽谤他人行为未经处理，诽谤信息实际被点击、浏览、转发次数累计计算构成犯罪的，应当依法定罪处罚。

第五条　利用信息网络辱骂、恐吓他人，情节恶劣，破坏社会秩序的，依照刑法第二百九十三条第一款第（二）项的规定，以寻衅滋事罪定罪处罚。

编造虚假信息，或者明知是编造的虚假信息，在信息网络上散布，或者组织、指使人员在信息网络上散布，起哄闹事，造成公共秩序严重混乱的，依照刑法第二百九十三条第一款第（四）项的规定，以寻衅滋事罪定罪处罚。

第六条 以在信息网络上发布、删除等方式处理网络信息为由，威胁、要挟他人，索取公私财物，数额较大，或者多次实施上述行为的，依照刑法第二百七十四条的规定，以敲诈勒索罪定罪处罚。

第七条 违反国家规定，以营利为目的，通过信息网络有偿提供删除信息服务，或者明知是虚假信息，通过信息网络有偿提供发布信息等服务，扰乱市场秩序，具有下列情形之一的，属于非法经营行为"情节严重"，依照刑法第二百二十五条第（四）项的规定，以非法经营罪定罪处罚：

（一）个人非法经营数额在五万元以上，或者违法所得数额在二万元以上的；

（二）单位非法经营数额在十五万元以上，或者违法所得数额在五万元以上的。

实施前款规定的行为，数额达到前款规定的数额五倍以上的，应当认定为刑法第二百二十五条规定的"情节特别严重"。

第八条 明知他人利用信息网络实施诽谤、寻衅滋事、敲诈勒索、非法经营等犯罪，为其提供资金、场所、技术支持等帮助的，以共同犯罪论处。

第九条 利用信息网络实施诽谤、寻衅滋事、敲诈勒索、非法经营犯罪，同时又构成刑法第二百二十一条规定的损害商业信誉、商品声誉罪，第二百七十八条规定的煽动暴力抗拒法律实施罪，第二百九十一条之一规定的编造、故意传播虚假恐怖信息罪等犯罪的，依照处罚较重的规定定罪处罚。

延伸阅读：

1.《中国加快互联网立法进程 打造依法治网"升级版"》，新华网，网址链接：http://www.xinhuanet.com/politics/2015-01/18/c_1114032679.htm。

2.《网络犯罪时有发生 有关部门：多方协作形成维护网络安全合力》，来源：法制日报，新华网，网址链接：http://www.xinhuanet.com/2020-04/03/c_1125807397.htm。

五、酒后驾驶的法律问题

案例：

2019 年 6 月 21 日 23 时 12 分许，张某某驾车时被正在设点执勤的民警当场查获。民警对张某某进行呼吸式酒精检测，检测结果为 31mg/100mL。经公安网查询，张某某曾于 2009 年 5 月 7 日 19 时 10 分驾驶小型普通客车被现场处罚，违法内容为饮酒后驾驶机动车。XX 市公安局交通警察支队曾作出公安交通管理行政处罚决定，对张某某处以罚款 300 元，暂扣驾驶证 3 个月。张某某对 2009 年 5 月 7 日 19 时 10 分饮酒后驾驶机动车被处罚，2019 年 6 月 21 日 23 时 12 分饮酒后驾驶机动车的事实无异议。2019 年 7 月 5 日，XX 市公安局直属分局根据《中华人民共和国道路交通安全法》（以下简称《道路交通安全法》）第九十一条第一款之规定，作出行政处罚决定，对张某某处以行政拘留七日。2019 年 7 月 10 日，XX 市公安局交通警察支队根据《道路交通安全法》第九十一条第一款之规定，以张某某因饮酒后驾驶机动车被处罚，再次饮酒后驾驶机动车违法为由作出公安交通管理行政处罚决定，对张某某处以罚款 1900 元，吊销机动车驾驶证。张某某不服，提起行政诉讼称，《道路交通安全法》修正后，张某某只有一次饮酒后驾驶机动车行为。XX 市公安局交通警察支队以张某某曾于 2009 年 5 月 7 日饮酒后驾驶机动车被处罚为基础，认定张某某于 2019 年 6 月 21 日饮酒后驾驶机动车为"再次饮酒后驾驶机动车"，属于认定事实错误，从而作出吊销机动车驾驶证的行政处罚，违反"法不溯及既往"原则，适用法律错误。张某某请求撤销 XX 市公安交通管理行政处罚决定中关于吊销机动车驾驶证的行政处罚。

行政诉讼无果。张某某诉之于当地人民法院。一审法院认为，XX 市公安局交通警察支队做出的《公安交通管理行政处罚决定书》程序合法，证据确凿，适用法律正确。对张某某请求撤销该行政处罚决定的诉讼请求，不予支持。经审判委员会讨论决定判决驳回张某某的诉讼请求。张某某不服，向 XX 省 XX 市中级人民法院提起上诉。二审法院对一审查明的事实予以确认，且认为一审判决认定事实清楚，适用法律正确。张某某的上诉理由不成立，其上诉请求本院不予支持。裁判驳回上诉，维持原判。

张某某不服 XX 市中级人民法院二审行政判决，向 XX 省高级人民法院申请再审。法院认为事实认定清楚，法律适用正确，并不违反"法不溯及既往"原则，一、二审判决驳回张某某的诉讼请求正确。裁定驳回张某某的再审申请。

解析：

在我国，法律严禁酒后驾驶。许多法律法规中都有明确规定。

刑法规定了把醉酒驾驶机动车列入"危险驾驶罪"。刑法第一百三十三条之一规定："在道路上驾驶机动车，有下列情形之一的，处拘役，并处罚金；……（二）醉酒驾驶机动车的；……机动车所有人、管理人对前款第三项、第四项行为负有直接责任的，依照前款的规定处罚。有前两款行为，同时构成其他犯罪的，依照处罚较重的规定定罪处罚。"

我国道路安全法律也作出禁止酒后驾驶和对酒后驾驶处罚的规定。

《中华人民共和国道路交通安全法》（2021 年修正）

第二十二条　机动车驾驶人应当遵守道路交通安全法律、法规的规定，按照操作规范安全驾驶、文明驾驶。

饮酒、服用国家管制的精神药品或者麻醉药品，或者患有妨碍安全驾驶机动车的疾病，或者过度疲劳影响安全驾驶的，不得驾驶机动车。

任何人不得强迫、指使、纵容驾驶人违反道路交通安全法律、法规和机动车安全驾驶要求驾驶机动车。

第九十一条　饮酒后驾驶机动车的，处暂扣六个月机动车驾驶证，并处一千元以上二千元以下罚款。因饮酒后驾驶机动车被处罚，再次饮酒后驾驶机动车的，处十日以下拘留，并处一千元以上二千元以下罚款，吊销机动车驾驶证。

醉酒驾驶机动车的，由公安机关交通管理部门约束至酒醒，吊销机动车驾驶证，依法追究刑事责任；五年内不得重新取得机动车驾驶证。

饮酒后驾驶营运机动车的，处十五日拘留，并处五千元罚款，吊销机动车驾驶证，五年内不得重新取得机动车驾驶证。

醉酒驾驶营运机动车的，由公安机关交通管理部门约束至酒醒，吊销机动车驾驶证，依法追究刑事责任；十年内不得重新取得机动车驾驶证，重新取得机动车驾驶证后，不得驾驶营运机动车。

饮酒后或者醉酒驾驶机动车发生重大交通事故，构成犯罪的，依法追究刑事责任，并由公安机关交通管理部门吊销机动车驾驶证，终生不得重新取得机动车驾驶证。

2010年3月17日公安部交通管理局正式发布修订的《机动车驾驶证申领和使用规定》，将饮酒后驾驶机动车的违法行为，由一次记6分调整为记12分。

2016年1月29日，《公安部关于修改<机动车驾驶证申领和使用规定>的决定》对酒后驾驶的相关规定更进一步。

第十三条 有下列情形之一的，不得申请机动车驾驶证：

······

（四）饮酒后或者醉酒驾驶机动车发生重大交通事故构成犯罪的；

（五）醉酒驾驶机动车或者饮酒后驾驶营运机动车依法被吊销机动车驾驶证未满五年的；

（六）醉酒驾驶营运机动车依法被吊销机动车驾驶证未满十年的；

······

未取得机动车驾驶证驾驶机动车，有第一款第五项至第七项行为之一的，在规定期限内不得申请机动车驾驶证。

第八十二条 校车驾驶人应当依法取得校车驾驶资格。

取得校车驾驶资格应当符合下列条件：

……

（四）无酒后驾驶或者醉酒驾驶机动车记录，最近一年内无驾驶客运车辆超员、超速等严重交通违法行为记录；

……

第八十七条 校车驾驶人具有下列情形之一的，公安机关交通管理部门应当注销其校车驾驶资格，通知机动车驾驶人换领机动车驾驶证，并通报教育行政部门和学校：

……

（四）有酒后驾驶或者醉酒驾驶机动车，以及驾驶客运车辆超员、超速等严重交通违法行为的；

……

本案中，张某某对其2009年5月7日及2019年6月21日两次饮酒后驾驶机动车的行为均无异议。张某某有异议的是认为

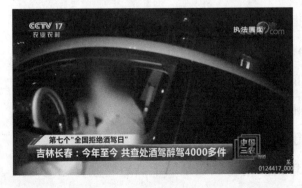

"再次饮酒后驾驶机动车"的情形加重了对其处罚，其2009年5月7日"饮酒后驾驶机动车"发生在《道路交通安全

法》修正前，不应计算。因此，XX市公安局交通警察支队作出的行政处罚违反"法不溯及既往"原则。饮酒后驾驶机动车的行为，危害公共安全，损害公共利益，《道路交通安全法》修正的精神是通过加大对饮酒后驾驶机动车、醉酒后驾驶机动车行为的处罚力度，从而维护社会公众的生命财产安全。《道路交通安全法》修正施行已经给予了公众合理的预期，社会公众对此应当知晓并预见。张某某应当预见自己再次饮酒后驾驶机动车将可能面临更加严重的处罚，但张某某仍然实施了再次饮酒后驾驶机动车的危害行为，在主观上属故意，应当承担《道路交通安全法》修正后规定的更加严重的法律后果。人民法院认为适用法律是正确的，不违反"法不溯及既往"原则。

现实生活中，人们对酒后驾驶的认识存在一些常见误区。

1. 酒驾认识误区

如许多人把酒后驾驶理解为喝酒后立刻或短时间驾驶机动车，而实践中，对酒后驾驶的认定是人血液中的酒精含量。国家质检总局、国家标准委2011年1月14日发布的（现行标准）《车辆驾驶人员血液、呼气酒精含量阈值与检验》（GB19522—2010）中规定，饮酒驾车是指车辆驾驶人员血液中的酒精含量大于或者等于20mg/100mL，小于80mg/100mL的驾驶行为。醉酒驾车是指车辆驾驶人员血液中的酒精含量大于或者等于80mg/100mL的驾驶行为。驾驶人的血液中酒精含量20mg/100mL是我国认定酒后驾车标准的起点。由于人对酒精的分解能力不同，许多人饮酒后第二天开车上路，没想到酒精测试还是属于酒后驾驶。这是尤其要注意的。

2. 酒驾责任问题

（1）酒驾的经济责任

酒后驾驶不仅在刑法、道路交通安全法等法律法规中有规定。而且一旦出现事故后，还要承担相应的经济责任。酒驾出事故，即使有全险，保险公司也不担责。

对于商业车险来说，只要交警认定被保险车辆是因驾驶员"酒后驾车"而出现的事故，保险公司均可不予理赔。

中国保险行业协会 2020 年 9 月 22 日发布的《中国保险行业协会机动车单程提车保险示范条款（2020 版）》"责任免除"的第八条规定：

在上述保险责任范围内，下列情况下，不论任何原因造成被保险机动车的任何损失和费用，保险人均不负责赔偿：

（二）驾驶人有下列情形之一者：

……

2. 饮酒、吸食或注射毒品、服用国家管制的精神药品或者麻醉药品；

……

2020 年最高人民法院《关于审理道路交通事故损害赔偿案件

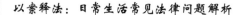

适用法律若干问题的解释》第十五条规定：

有下列情形之一导致第三人人身损害，当事人请求保险公司在交强险责任限额范围内予以赔偿，人民法院应予支持：

……

（二）醉酒、服用国家管制的精神药品或者麻醉药品后驾驶机动车发生交通事故的；

……

保险公司在赔偿范围内向侵权人主张追偿权的，人民法院应予支持。追偿权的诉讼时效期间自保险公司实际赔偿之日起计算。

2019年3月2日，新修订的《机动车交通事故责任强制保险条例》第二十二条规定：

有下列情形之一的，保险公司在机动车交通事故责任

强制保险责任限额范围内垫付抢救费用，并有权向致害人追偿：

（一）驾驶人未取得驾驶资格或者醉酒的；

……

有前款所列情形之一，发生道路交通事故的，造成受害人的财产损失，保险公司不承担赔偿责任。

以上说明，商业险不赔、交强险仅在保险的有限范围内赔偿，然后还要向醉驾者追偿。超出之外的所有赔偿，都需要你自己和家人承担。

远离酒驾 ----------------

滴酒不沾，幸福平安

"酒"字偏旁三点水，酒驾之后成泪水

白酒红酒不如生命长久，碰杯干杯就怕肇事后悔

（2）酒驾的职业成本

如果是中共党员或者公职人员，发生酒驾或者因醉驾导致刑事处罚，还要受到相应的党纪和行政处分。按照规定，党员和国家公务人员出现饮酒驾驶违法行为，除受到交通法规处罚外，还将被通报给纪检监察机关，受到纪律查处。《中国共产党章程》第四十条规定："严重触犯刑律的党员必须开除党籍。"《中国共产党纪律处分条例》第三十二条第一款规定，因故意犯罪被依法判处刑法规定的主刑（含宣告缓刑）的应当开除党籍。《行政机关公务员处分条例》第十七条第二款规定："行政机关公务员依法被判处刑罚的，给予开除处分。"所以，如果达到醉酒驾驶标准，依据上述规定就应当给予开除党籍、开除公职处分。需要注意的是，对因醉酒驾驶被免予刑事处罚的党员干部，依据《中国共产党纪律处分条例》第三十一条的规定，也应给予撤销党内职务以上处分。

如果公司职员，因醉驾导致刑事处罚，用人单位有权解除劳动合同。《中华人民共和国劳动合同法》第三十九条规定，劳动者被依法追究刑事责任的，用人单位可以解除劳动合同。

此外，如果因醉驾导致刑事处罚，普通公民自己和家人在入党、报考国家公职人员、当兵或报考军校等方面都有可能受到影响。

延伸阅读：

1.最高人民法院 最高人民检察院 公安部：《关于办理醉酒驾驶机动车刑事案件适用法律若干问题的意见》，中华人民共和国最高人民检察院网，2013-12-27，网址链接：https://www.spp.gov.cn/spp/flfg/sfjs/201312/t20131227_66040.shtml。

2.《最高人民法院解读醉驾肇事量刑争议》，中华人民共和国最高人民法院网，2010-01-30，网址链接：http://www.court.gov.cn/zixun-xiangqing-29.html。

3.《公安部交通管理局公布酒驾醉驾十大案例》，"人民公安报"微信公众号，2019-10-17。

六、共同饮酒者酒后事故的责任认定

案例：

2017 年 X 月 X 日晚，李某、吴甲、吴乙、戴某四人在戴某的饭店喝酒，中间龙某加入酒局，五人共饮了一斤半的白酒。中间，戴某让妻子取来李某存放在吴乙家的摩托车，散席后，吴甲、李某各自驾驶三轮摩托车离开了饭店，被告戴某、龙某未予以劝阻。回家途中，李某因未保持安全车速，操作失控，逆向行驶，三轮摩托车撞上行驶方向左侧路边树木后侧翻，经抢救无效于次日死亡。经鉴定，李某符合交通事故导致严重颅脑损伤死亡，李某血液中检出的酒精成分，其含量为 153.9mg/100m。经交警部门认定，李某在此次事故中负全部责任。李某的父母及子女遂向 XX 县人民法院提出诉讼，请求判令被告吴甲、吴乙、戴某与龙某赔偿原告因李某死亡造成的损失共计人民币 35 万元。

法院经审理作出判决：1.被告吴甲、吴乙于本判决生效之日起十日内各赔偿原告死亡赔偿金、丧葬费等损失共计人民币 9668.65 元；被告戴某、龙某发于本判决生效之日起十日内各赔偿原告死亡赔偿金、丧葬费等损失共计人民币 19337.3 元；2.被告吴甲、吴乙于本判决生效之日起十日内各赔偿原告精神抚慰金人民币 2000 元；被告戴某、龙某于本判决生效之日起十日内各赔偿原告精神抚慰金计人民币 4000 元；3.驳回原告的其他诉讼请求。

吴甲、吴乙、戴某与龙某不服，提出上诉。江西省 XX 中级人民法院于 2018 年 3 月 9 日作出判决：1. 维持江西省 XX 县人民法院民事判决第三项；2. 撤销江西省 XX 县人民法院民事判决第一、二项；3. 上诉人吴乙、龙某于本判决生效之日起十日内各赔偿被上诉人因李某死亡的经济损失共计人民币 9668.65 元、精神抚慰金 2000 元；4. 上诉人戴某于本判决生效之日起十日内赔偿被上诉人因李某死亡的经济损失共计人民币 19337.3 元、精神抚慰金 4000 元；5. 驳回被上诉人对上诉人吴甲赔偿损失的诉讼请求。

解析：

这是一起醉驾身亡共同饮酒者赔偿责任划分的案例。由于在酒局中的表现不同，其责任划分也不完全一样。法院在判案过程中根据具体情况认定其承担或不承担赔偿责任。法院审理认为，责任分担如下：

首先，醉驾人本人应对其醉驾行为承担主要责任。李某酒后驾驶三轮摩托车发生交通事故致身亡，经交警部门责任认定李某系醉驾，负事故全部责任。李某作为一个具有完全民事行为能力的成年人，对饮酒后晚间驾车可能导致的后果应当是明知的，应当预见到过量饮酒的潜在危险和严重后果，明知醉酒的危险性而不控制饮酒，反而于饮酒后违法驾车，其本人的行为对伤亡后果具有最直接的因果关系，理应对其行为所带来的伤亡后果负主要责任。本案之所以判决醉驾人应对其醉驾行为承担 90% 的责任，是因为醉驾的行为人是一个具有完全民事行为能力的成年人，按照当前法律规定其他同饮者没有权利对其进行除劝阻以外的行为限制。

对于共同饮酒后发生的交通事故侵权损害赔偿，责任划分时不能一刀切，而应当结合案件事实，分清同饮者的具体情况予以确认各自应当承担的责任。也就是说，在社交饮酒中，宾客间相互适度劝酒和敬酒，不需要承担民事责任，但如同饮者欲酒后驾

车，在场的共同饮酒人有提醒的义务；如出现醉酒者，同饮者有义务将醉酒者安全送达，明知同饮者已醉酒不加以劝阻而放任其酒驾致使出现交通事故伤亡，同饮者应根据具体情况承担侵权赔偿责任，除非此时同饮者自己酒醉不省人事无力履行劝阻义务。而饭店经营者应当拒绝醉酒顾客提出的帮助取车要求，否则一旦醉驾者发生事故，饭店经营者也应当承担相应赔偿责任。

吴甲虽然参与了饮酒，但无证据证明其有故意灌酒或者明知李某酒后驾车而未予以阻止等行为。吴甲在用餐中途离开时，没有证据证明吴甲知道李某会醉酒驾车，即没有证据证明吴甲对李某过度饮酒及醉酒驾车的行为有过错。因此，要求吴甲对李某醉酒驾车发生交通事故身亡之后果承担赔偿责任，没有法律依据，中途离席同饮人客观上无法履行劝阻醉驾义务的不应担责。所以二审判决纠正原判，改判吴甲不承担赔偿责任。

┌─── 远离酒驾 ──────────────────────────────┐

明知驾车还劝酒，绝对不是好朋友。

劝亲劝友，不劝司机喝酒！

└──┘

吴乙在中途离开回家，但李某驾驶的三轮摩托车是停放在其家里，当其知道李某喝酒后，应对前来为李某取摩托车的人尽到告知其不能让李某酒后驾驶机动车回家或阻止其取车，作为朋友有必要提醒李某酒后注意，或提醒店主戴某对酒后的李某有应尽安全返家的保障注意义务。然而吴乙没有尽到上述注意义务，有一定过失，应酌情承担一定的责任，原判其承担 2.5% 的赔偿责任并无不当。

龙某和李某作为共同聚餐者，虽饮酒但尚处于清醒状态，互相之间负有一定的照顾义务，龙某有劝阻同饮者李某过度饮酒的注意义务，也有对李某已过度饮酒后安全回家的安全提醒注意义务，其疏于必要的注意义务，有一定过失，应承担相应责任，但原判其承担 5% 的责任过高，可酌情承担 2.5% 的赔偿责任。

戴某既是饭店经营者，也是同桌共饮者。作为经营者，其对喝醉酒的顾客有必要的人身安全保障注意义务；作为同饮者，戴某明知李某喝酒驾驶机动车违法，其有阻止其酒驾的安全保障义务。但其不仅未尽到阻止醉酒者驾驶机动车的安全保障提醒注意义务，还放任其作为饭店共同经营人的妻子去帮醉酒后的李某取来几里路外的三轮摩托车，交由已过度饮酒的李某驾驶，其与其妻子均有过错，应对李某的死亡承担相应的赔偿责任。鉴于戴某夫妻的特定身份关系，其妻子的过错可在案件中由戴某一并承担，故原判戴某承担 5%的赔偿责任，并无不当。

这是因为，法律不禁止公民之间的饮酒行为，但饮酒应遵守社会公德和公序良俗。作为普通的理性人，参与饮酒的人都应预见到，如果有人醉酒驾车就会有不安全性及造成损害的可能性。共同饮酒人都有注意保证其他人在喝酒过程中和醉酒后的人身、财产安全的义务，及时提醒、劝告饮酒者不要饮酒过量，更要阻止醉酒的他人从事驾驶、高度危险作业等具有较高不安全性质的行为。如果共同饮酒人未尽到对他人的提醒、劝阻义务，他们的不作为行为就是对自身注意义务的违反，是一种过失的主观状态，成立一般侵权行为的主观过错要件，可能需要承担侵权赔偿责任。只有客观上无法履行劝阻同饮人醉酒驾驶义务的中途离席同饮者不应担责。

延伸阅读：

1."节日聚餐酒驾风险突出 公安部交通管理局发布交通安全预警"，央视网，2021 年 12 月 30 日。

2.赵世信，张兆利：《聚会饮酒出意外 法律责任各不同》，来源：检察日报，2018-02-10。网址链接：https://www.spp.gov.cn/spp/llyj/201802/t20180210_365764.shtml。

相关法条：

《中华人民共和国民法典》

第十八条 成年人为完全民事行为能力人，可以独立实施民事法律行为。

十六周岁以上的未成年人，以自己的劳动收入为主要生活来源的，视为完全民事行为能力人。

七、正确理解正当防卫

案例：

2018 年 8 月 27 日 21 时 30 分许，刘某某醉酒驾驶宝马轿车在昆山市震川路西行至顺帆路路口，向右强行闯入非机动车道，与正常骑自行车的于某某险些碰擦，双方遂发生争执。刘某某先下车与于某某发生争执，经同行人员劝解返回车辆时，刘某某突然下车，上前推搡、踢打于某某。虽经劝架，刘某某仍持续追打，后返回宝马轿车取出一把砍刀（后经公安部门鉴定，该刀为尖角双面开刃，全长 59 厘米，其中刀身长 43 厘米、宽 5 厘米，系管制刀具），连续用刀击打于某某颈部、腰部、腿部。击打中砍刀甩脱，于某某抢到砍刀，并在争夺中捅刺刘某某腹部、臀部，砍击右胸、左肩、左肘。刘某某受伤后跑向宝马轿车，于某某继续追砍 2 刀均未砍中，其中 1 刀砍中汽车（公安部门经勘查，汽车左后窗下沿有 7 厘米长刀痕）。刘某某逃离后，倒在距宝马轿车东北侧 30 余米处的绿化带内，后经送医抢救无效于当日死亡。昆山市公安局接到报警后，立即出警处置并立案侦查。鉴于此案社会关注度高，江苏省公安厅、苏州市公安局第一时间派出力量赴昆山指导案件侦办工作，开展现场勘查、走访调查、询问讯问、视频侦查和检验鉴定等工作。

公安机关根据侦查查明的事实，并听取检察机关意见和建议，依据《中华人民共和国刑法》（简称《刑法》）第二十条第三款"对正在进行行凶、杀人、抢劫、强奸、绑架以及其他严重危及人身安全的暴力犯罪，采取防卫行为，造成不法侵害人伤亡的，不属于防卫过当，不负刑事责任"之规定，于某某的行为属于正当防卫，不负刑事责任，公安机关依法撤销于某某案件。主要理由如下。

1. 刘某某的行为属于刑法意义上的"行凶"。根据《刑法》第二十条第三款规定，判断"行凶"的核心在于是否严重危及人身安全。司法实践中，考量是否属于"行凶"，不能苛求防卫人在应急反应情况下做出理性判断，更不能以防卫人遭受实际伤害为前提，而要根据现场具体情景及社会一般人的认知水平进行判断。本案中，刘某某先是徒手攻击，继而持刀连续击打，其行为已经严重危及于某某人身安全，其不法侵害应认定为"行凶"。

2. 刘某某的不法侵害是一个持续的过程。纵观本案，在同车人员与于某某争执基本平息的情况下，刘某某醉酒滋事，先是下车对于某某拳打脚踢，后又返回车内取出砍刀，对于某某连续数次击打，不法侵害不断升级。刘某某砍刀甩落在地后，又上前抢刀。刘某某被致伤后，仍没有放弃侵害的迹象。于某某的人身安全一直处在刘某某的暴力威胁之中。

3. 于某某的行为出于防卫目的。本案中，于某某夺刀后，7秒内捅刺、砍中刘某某的5刀，与追赶时甩击、砍击的两刀（未击中），尽管时间上有间隔、空间上有距离，但这是一个连续行为。另外，于某某停止追击，返回宝马轿车搜寻刘某某手机的目的是防止对方纠集人员报复、保护自己的人身安全，符合正当防卫的意图。

　2018 年 9 月 1 日，昆山市公安机关以于某某的行为属于正当防卫、不负刑事责任为由对该案作出撤销案件决定。

　解析：

　正当防卫，是指对正在进行不法侵害行为的人采取的制止不法侵害的行为，对不法侵害人造成损害的，不负刑事责任。正当防卫不负刑事责任，它的主要意义在于保障社会公共利益和其他合法权利免受正在进行的不法侵害，鼓励公民和正在进行的不法

侵害做斗争，震慑犯罪分子，使其不敢轻举妄动。正确认识正当防卫，了解正当防卫的构成条件，有利于公民大胆地运用正当防卫的法律武器同不法侵害做斗争。

　正当防卫绝不是暴戾凶残，它是法律明确赋予公民的自我防卫权利，有其法律边界。它不应被滥用，更不应被架空。以 2018 年昆山反杀案为契机，最高人民法院和最高人民检察院就正当防卫公布指导性案例，最高人民法院、最高人民检察院、公安部联合出台《关于依法适用正当防卫制度的指导意见》，正当防卫在法律实践中越来越多地被使用。据最高人民检察院的报告统计，2019 年和 2020 年因正当防卫不捕不诉 819 人，是之前两年的 2.8 倍。

以史为鉴

《周礼·秋官·朝士》中写道："凡盗贼军，乡邑及家人，杀之无罪。"

《汉律》规定："无故入人室宅庐舍，上人车船，牵引欲犯法者，其时格杀之，无罪。"

1. 正当防卫的成立需要满足以下条件

（1）正当防卫的前提是存在不法侵害

正当防卫的起因必须是具有客观存在的不法侵害。

不能对合法行为实施防卫。例如：公民依法扭送正在实施犯罪的人犯，执法人员依法拘捕人犯，人犯或第三者均不得以人身"受到侵害"而实行正当防卫。

不法侵害既包括侵犯生命、健康权利的行为，也包括侵犯人身自由、公私财产等权利的行为；既包括犯罪行为，也包括违法行为。不应将不法侵害不当限缩为暴力侵害或者犯罪行为。对于非法限制他人人身自由、非法侵入他人住宅等不法侵害，可以实行防卫。

不法侵害既包括针对本人的不法侵害，也包括危害国家、公共利益或者针对他人的不法侵害。

不法侵害行为通常应是人的不法行为。对于动物的加害动作予以反击，原则上系紧急避险而非正当防卫。不法侵害必须现实存在。如果防卫人误以为存在不法侵害，那么就构成假想防卫。假想防卫不属于正当防卫，如果其主观上存在过失，且《刑法》上对此行为规定了过失罪，那么就构成犯罪，否则就是意外事件。

（2）正当防卫必须是针对正在进行的不法侵害

正当防卫的时间条件，是不法侵害行为正在进行。即已经开始，尚未结束。

不能事前防卫，即不法侵害尚未开始就实施防卫，即"先下手为强"；也不能事后防卫，即不法侵害行为已经结束实施的防卫。对于不法侵害已经形成现实、紧迫危险的，应当认定为不法侵害已经开始；对于不法侵害虽然暂时中断或者被暂时制止，但不法侵害人仍有继续实施侵害的现实可能性的，应当认定为不法侵害仍在进行。在财产犯罪中，不法侵害人虽已取得财物，但通过追赶、阻击等措施能够追回财物的，可视为不法侵害仍在进行。

但是，对于不法侵害是否已经开始或者结束，要立足防卫人在防卫时所处情景，按照社会公众的一般认知，依法做出合乎情理的判断，不能苛求防卫人。我国《刑法》关于特殊防卫的规定，

不苛求防卫行为与不法侵害行为完全对等，判断暴力侵害是否正在进行时要设身处地考虑防卫人所处的具体情景，做出法、理、情相统一的认定，彰显"法不能向不法让步"的价值理念。

（3）正当防卫必须针对不法侵害人进行

对于多人共同实施不法侵害的，既可以针对直接实施不法侵害的人进行防卫，也可以针对在现场共同实施不法侵害的人进行防卫。

明知侵害人是无刑事责任能力人或者限制刑事责任能力人的，应当尽量使用其他方式避免或者制止侵害；没有其他方式可以避免、制止不法侵害，或者不法侵害严重危及人身安全的，可以进行反击。

（4）正当防卫的意图

正当防卫必须是为了使国家、公共利益、本人或者他人的人身、财产和其他权利免受不法侵害。对于故意以语言、行为等挑动对方侵害自己再予以反击的防卫挑拨，不应认定为防卫行为。

（5）没有明显超过必要限度

防卫行为必须在必要合理的限度内进行，否则就构成防卫过当。对于不法侵害实行正当防卫，如果用轻于或相当于不法侵害的防卫强度不足以有效地制止不法侵害的，可以采取大于不法侵害的防卫强度。当然，如果大于不法侵害的防卫强度不是为制止不法侵害所必需，如果为了保护轻微的权益，造成了不法侵害人的重大伤亡，也可以认为是超过了必要限度。鉴于严重危及人身安全的暴力犯罪的严重社会危害性，为了更好地保护公民的人身权利，《刑法》第二十条第三款规定了无过当防卫或称特别防卫。即对正在进行行凶、杀人、抢劫、强奸、绑架以及其他严重危及人身安全的暴力犯罪，采取防卫行为，造成不法侵害人伤亡的，不属于防卫过当，不负刑事责任。

2.注意正当防卫与互相斗殴的区别

互相斗殴是指双方互相打架、结伙斗殴、聚众械斗等行为。

双方斗殴，彼此都有殴击或伤害对方的故意，双方主观上都没有正当防卫的意图，下手先后又难以证实，往往难分是非曲直，因而双方的行为都是违法的，属于不法与不法的关系，都不属于正当防卫的范畴。任何一方给对方造成了危害的，都必须负法律责任。

互相斗殴是否可能向正当防卫转化呢？应该具体情况具体分析。互相斗殴的双方，如果其中一方确实不愿再打，并且已经停止了自己的殴打行为，离开了现场；而另一方仍不罢休，继续殴打对方。这时，继续殴打的一方就成为不法侵害者，已经停止殴打的一方可以实行正当防卫。

因琐事发生争执，双方均不能保持克制而引发打斗。对于有过错的一方先动手且手段明显过激；或者一方先动手，在对方努力避免冲突的情况下仍继续侵害的，还击一方的行为一般应当认定为防卫行为。

双方因琐事发生冲突，冲突结束后，一方又实施不法侵害，对方还击，包括使用工具还击的，一般应当认定为防卫行为。不能仅因行为人事先进行防卫准备，就影响对其防卫意图的认定。

3. 防卫过当

防卫过当，是指正当防卫行为超越了法律规定的防卫尺度，给对方造成重大损害。防卫过当应当负刑事责任。首先防卫过当应具有正当防卫最基本的前提条件、时间条件、对象条件和主观条件。防卫过当中，重大损害是指造成不法侵害人死亡、重伤的后果，造成轻伤及以下损伤的不属于重大损害；明显超过必要限度是指根据所保护的权利性质、不法侵害的强度和紧迫程度等综合衡量，防卫措施缺乏必要性，防卫强度与侵害程度对比也相差悬殊。根据《刑法》第二十条第二款的规定，认定防卫过当应当同时具备"明显超过必要限度"和"造成重大损害"两个条件，缺一不可。根据最高人民法院、最高人民检察院、公安部《关于依法适用正当防卫制度的指导意见》规定，防卫是否"明显超过必要限度"，应当综合考虑不法侵害的性质、手段、强度、危害程度和防卫的时机、手段、强度、损害后果等情节，考虑双方力量对比，立足防卫人防卫时所处情境，结合社会公众的一般认知做出判断。在判断不法侵害的危害程度时，不仅要考虑已经造成的损害，还要考虑造成进一步损害的急迫危险性和现实可能性。例如：防卫人被骗入传销组织，在人身自由、健康、安全遭受传销人员不法侵害时，面对多人围殴，尽管不法侵害人没有持器械，防卫人持刀反击，造成伤亡结果的，应当从防卫人的角度设身处地考虑防卫行为是否明显超过必要限度。

在判断防卫是否"明显超过必要限度"时，不应当苛求防卫人必须采取与不法侵害基本相当的反击方式和强度。通过综合考量，对于防卫行为与不法侵害相差悬殊、明显过激的，应当认定防卫明显超过必要限度。反之，不应认定为"明显超过必要限度"。

《刑法》第二十条第二款规定："正当防卫明显超过必要限度造成重大损害的，应当负刑事责任，但是应当减轻或者免除处罚。"

他山之石

法国 1994 年《刑法典》

第 122—5 条规定：在本人或他人面临不法侵害时，出于保护自己或他人正当防卫之必要，完成受此所迫行为的人，不负刑事责任，但所采取的防卫手段与侵害之严重程度之间不相适应之情况除外。为制止侵害某项财产的重罪而完成除故意杀人之外的防卫行为，在此种行为系实现目的所绝对必要，所采取的防卫手段与犯罪行为的严重程度相一致时，该防卫行为的人不负刑事责任。

第 122—6 条规定：完成下列行为的人，推定其进行了正当防卫：1.夜间击退破门撬锁、暴力或诡计进入其居住场所的不正当侵害者；2.对盗窃犯或暴力抢劫进行自我防卫者。

德国现行《刑法典》

第 32 条规定：（一）正当防卫不违法。（二）为使自己或他人免受正在发生的不法侵害而实施的必要防卫行为，是正当防卫。

第 33 条规定：防卫人由于惶恐、害怕、惊吓而防卫过当者，不负刑事责任。

韩国《刑法典》中的"正当防卫"

第二十一条：为防卫自己本人或他人的正当法益，关于正在实行的不正当非法侵害而选择的行为，若有相称理由，不予刑事处罚。防卫过当，依照其情况可以免除处罚或者减轻处罚。前款情况下，如其过当行为在夜晚或其他不安的状态下，因为恐怖、惊诧、激动或慌张而引发的，不予处罚。

延伸阅读：

1.《最高人民法院 最高人民检察院 公安部 关于依法适用正当防卫制度的指导意见》法发〔2020〕31 号，正义网，发布时间：2020-09-04，网址链接：http://news.jcrb.com/jsxw/2020/202009/t20200904_2199813.html。

2.《最高人民法院、最高人民检察院、公安部关于依法适用正当防卫制度的指导意见》新闻发布会，最高人民法院网，发布时间：2020-09-03，网址链接：http://www.court.gov.cn/zixun-xiangqing-251581.html。

相关法条：

《中华人民共和国刑法》（2020年修正）

第二十条　为了使国家、公共利益、本人或者他人的人身、财产和其他权利免受正在进行的不法侵害，而采取的制止不法侵害的行为，对不法侵害人造成损害的，属于正当防卫，不负刑事责任。

正当防卫明显超过必要限度造成重大损害的，应当负刑事责任，但是应当减轻或者免除处罚。

对正在进行行凶、杀人、抢劫、强奸、绑架以及其他严重危及人身安全的暴力犯罪，采取防卫行为，造成不法侵害人伤亡的，不属于防卫过当，不负刑事责任。

八、时刻绷紧国家安全这根弦
——退役后保密这根弦不能松

案例一:

退伍军人詹某某(以下称"詹")2004 年从部队转业后,进入湖南省某县城市管理综合执法局工作。因经济窘迫,詹通过互联网向社会发布求助信,并公开其政府工作人员、退伍军人身份。2011 年,詹被境外间谍情报机关人员盯上,通过网络沟通联络,对方向詹提供兼职机会,要求搜集一些部队、政府内部文件,报酬优厚。按对方授意,詹前往曾服役部队窃取了 10 余份部队内部资料(含 6 份情报文件)发送至境外,收受间谍活动经费万余元。2014 年 12 月,詹被依法判处有期徒刑。

案例二:

2016 年 7 月,马某、梁某在河北保定打工期间,被台湾间谍吴某同勾连策反。两人在明知对方为间谍的情况下,通过 QQ 邮箱、网易邮箱接受指令,利用曾在武警北京某部服役的便利条件,搜集并向吴某同报送武警部队训练、部队和军工企业内部部署以及军工企业装备测试等相关情报资料,对大陆军事安全造成严重危害。2017 年 5 月,苏州市人民检察院对马某、梁某以涉嫌间谍罪依法提起公诉。

解析：

和平建设时期，保密就是保安全、保发展。退役军人虽然已经脱下军装，但特殊的军旅经历，仍是境外间谍机构重点"关注"的对象，必须把保守军营机密当成自己的义务和职责。

历史回眸

进入新时代，中国面临着对外维护国家主权、安全、发展利益，对内维护政治安全和社会稳定的双重压力，各种可以预见和难以预见的风险因素明显增多，非传统领域安全日益凸显。为应对国家安全新形势，2015年7月1日，全国人大常委会通过《国家安全法》，规定国家加强国家安全新闻宣传和舆论引导。通过多种形式开展国家安全宣传教育活动。将国家安全教育纳入国民教育体系和公务员教育培训体系，增强全民国家安全意识。并将每年4月15日确定为全民国家安全教育日。2016年4月15日，中国迎来首个全民国家安全教育日。

军事秘密事关国防安全和未来战争成败。近年来，隐蔽战线的斗争越来越激烈，成为窃密和反窃密斗争的重要领域，不法分子为获取军事秘密无所不用其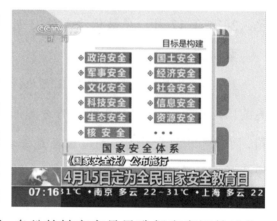极。退役军人退役返乡后，身份的转变容易导致保密意识的淡化，而在求职和社会交往中，因为其有军旅经历往往被境外间谍机构重点关注。因此，退役军人必须要做到退伍不褪色，做到"脱下军装仍是兵，防间保密记心中"。

作为中华人民共和国公民，退役军人有维护国家的安全、荣誉和利益的义务，不得有危害国家的安全、荣誉和利益的行为。一旦发现间谍行为，应当及时向国家安全机关报告；向公安机关等其他国家机关、组织报告。在国家安全机关调查了解有关间谍行为的情况、收集有关证据时，个人应当如实提供，不得拒绝。明知他人有间谍犯罪行为，在国家安全机关向其调查有关情况、收集有关证据时，拒绝提供的，由其所在单位或者上级主管部门予以处分，或者由国家安全机关处十五日以下行政拘留；构成犯罪的，依法追究刑事责任。

并不是所有涉及间谍的行为都受到追究，尤其是境外受到胁迫和诱骗时，法律也有一定的补救措施。《中华人民共和国反间谍法》第二十八条规定：如果在境外受胁迫或者受诱骗参加敌对组织、间谍组织，从事危害中华人民共和国国家安全的活动，及时向中华人民共和国驻外机构如实说明情况，或者入境后直接或者通过所在单位及时向国家安全机关、公安机关如实说明情况，并有悔改表现的，可以不予追究。

延伸阅读：

1.《安邦定国，习近平这样论述国家安全》，新华网，发布时间：2019-04-15，网址链接：http://www.xinhuanet.com/politics/xxjxs/2019-04/15/c_1124367882.htm。

2.《全面践行总体国家安全观--聚焦第四个全民国家安全教育日》，新华网，网址链接：http://www.xinhuanet.com/legal/fzldzt/quanmgjaqjy4.htm，2021-12-8。

相关法条：

《中华人民共和国反间谍法》（2014年）

第四条 中华人民共和国公民有维护国家的安全、荣誉和利益的义务，不得有危害国家的安全、荣誉和利益的行为。

第二十一条 公民和组织发现间谍行为，应当及时向国家安全机关报告；向公安机关等其他国家机关、组织报告的，相关国家机关、组织应当立即移送国家安全机关处理。

第二十二条 在国家安全机关调查了解有关间谍行为的情况、收集有关证据时，有关组织和个人应当如实提供，不得拒绝。

第二十八条 在境外受胁迫或者受诱骗参加敌对组织、间谍组织，从事危害中华人民共和国国家安全的活动，及时向中华人民共和国驻外机构如实说明情况，或者入境后直接或者通过所在单位及时向国家安全机关、公安机关如实说明情况，并有悔改表现的，可以不予追究。

第二十九条 明知他人有间谍犯罪行为，在国家安全机关向其调查有关情况、收集有关证据时，拒绝提供的，由其所在单位或者上级主管部门予以处分，或者由国家安全机关处十五日以下行政拘留；构成犯罪的，依法追究刑事责任。

《中华人民共和国刑法》（2020年修正）

第一百一十条 有下列间谍行为之一，危害国家安全的，处十年以上有期徒刑或者无期徒刑；情节较轻的，处三年以上十年以下有期徒刑：

（一）参加间谍组织或者接受间谍组织及其代理人的任务的；

（二）为敌人指示轰击目标的。

第一百一十一条　为境外的机构、组织、人员窃取、刺探、收买、非法提供国家秘密或者情报的，处五年以上十年以下有期徒刑；情节特别严重的，处十年以上有期徒刑或者无期徒刑；情节较轻的，处五年以下有期徒刑、拘役、管制或者剥夺政治权利。

第一百一十三条　犯本章之罪的，可以并处没收财产。

注："本章"指《中华人民共和国刑法》（2020年修正）的第二编第一章"危害国家安全罪"。

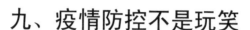

九、疫情防控不是玩笑

案例一：

王某与其亲属北京某地开办"小饭桌"，为周边村镇的中小学生提供接送上下学及午餐、看管等经营服务。2020年12月底，当地多地被确定为新冠肺炎疫情中风险地区，基层政府按照上级要求采取疫情防控措施，要求村民非必要不前往人员聚集地区和场所，有发热症状需报告村委会。2021年1月初，"小饭桌"放假后，王某及其妻子马某先后出现发热等症状。二人未按疫情防控要求向村委会报告，自行到药店买药服用，并到私营诊所输液治疗三日。其间，王某还出入市场、饭店、药店、政务大厅等多处公共场所。同月8日上午，王某前往本市外区某医院发热门诊就诊，在医护人员询问其是否到过相关中风险地区、家中是否有其他发热人员等情况时，均未如实回答，致使医院未及时采取隔离诊疗措施。次日，王某被确诊为新冠肺炎病例。王某确诊后，所涉两区疾病预防控制中心多次对其开展流行病学调查和密切接触者排查，王某隐瞒家中开办"小饭桌"、此前自行就医及与他人聚集等信息。经北京市疾病预防控制中心确认，王某密切接触者共计927人，均被采取隔离措施；王某同住家属6人中，2人被确诊为新冠肺炎病例，4人被确诊为无症状感染者；"小饭桌"的2名学生及1名学生亲属也被确诊为新冠肺炎病例。

该案被起诉至人民法院，法院经审理认为，王某违反传染病防治法的规定，拒不执行县级以上人民政府、疾病预防控制机构依照传染病防治法提出的疫情预防、控制措施，引起新冠肺炎疫情传播，其行为已构成妨害传染病防治罪。王某在当地出现多起新冠肺炎确诊病例、疫情防控形势严峻的情况下仍实施多种妨碍疫情防控行为，在确诊后仍拒不配合流行病学调查，导致疾控部门未能第一时间对相关人员进行排查、隔离，情节恶劣，据此，以妨害传染病防治罪判处被告人王某有期徒刑二年六个月。

案例二：

2021年8月3日晚，潘某为恐吓群友，在江苏省XX市编造"王某，男，22岁，镇江市润州区人，2021年8月2日晚上7点半于润州区XX小区出发至溧水周家山，途经句容市XX小区拜访亲友（08：30），紧接来到XX广场中心露天小吃摊（09：00-11：00），次日到溧水检查核酸检测两人均为阳性，已被隔离，若有与上述时间地点相符的群众，请积极自我居家隔离并尽快与地方医院取得联系"的虚假新冠疫情信息，并将上述信息制作成视频后发送至一个46人的QQ群。后该虚假信息被迅速传播扩散至204个微信群，涉众逾万人，造成群众恐慌，严重扰乱社会秩序。案发后，潘某主动到公安机关投案，并如实供述了上述事实。

法院经审理认为，被告人潘某编造虚假的疫情信息在信息网络上传播，严重扰乱社会秩序，其行为已构成编造、故意传播虚假信息罪。潘某具有自首情节，认罪悔罪，依法可从轻处罚。据此，以编造、故意传播虚假信息罪判处被告人潘某有期徒刑八个月。

上面这两个案例是疫情防控中最高人民法院发布的真实案例。人类有史以来的"天敌"有三个：战争、饥荒、瘟疫。改革开放以来，享受长期和平和发展红利的国人几乎忘记了他们的存在。2020年春节注定是一个让全中国人永远铭记的节日。1月23日，武汉因新冠肺炎疫情宣布"封城"，1月23日、24日广东、浙江、湖南、上海等地相继启动"重大突发公共卫生事件一级响应"，1月30日世界卫生组织WHO宣布认定新冠肺炎疫情为"国际公共卫生紧急事件（PHEIC）"……本次新冠疫情来的突然猛烈，而且一波接着一波，可以说是20世纪80年代以来国内覆盖范围最广、影响最严重的社会事件。这次疫情防控与以前相比，除了行政和社会各部门动员以外，重要特色是特别注重运用法治方式和手段，动员凝聚法治力量阻击疫情。

2020年2月5日，中央全面依法治国委员会召开第三次会议，中共中央总书记、国家主席、中央军委主席、中央全面依法治国委员会主任习近平下午主持召开并发表重要讲话。他强调，要在党中央集中统一领导下，始终把人民群众生命安全和身体健康放在第一位，从立法、执法、司法、守法各环节发力，全面提高依法防控、依法治理能力，为疫情防控工作提供有力法治保障。疫情防控越是到最吃劲的时候，越要坚持依法防控，在法治轨道上统筹推进各项防控工作，保障疫情防控工作顺利开展。会议审议通过了《中央全面依法治国委员会关于依法防控新型冠状病毒感染肺炎疫情、切实保障人民群众生命健康安全的意见》，为依法防控疫情提供指导。

2020 年 2 月 6 日，为贯彻落实 2020 年 2 月 5 日中央全面依法治国委员会第三次会议审议通过的《中央全面依法治国委员会关于依法防控新型冠状病毒感染肺炎疫情、切实保障人民群众生命健康安全的意见》，最高人民法院、最高人民检察院、公安部、司法部联合制定了《关于依法惩治妨害新型冠状病毒感染肺炎疫情防控违法犯罪的意见》。

2020 年 2 月 10 日，全国人大常委会法制工作委员会相关室负责人，10 日就疫情防控中社会普遍关心的法律问题一一进行解答。

2020 年 02 月 11 日，最高人民检察院发布了《全国检察机关依法办理妨害新冠肺炎疫情防控犯罪典型案例（第一批）》。

2020 年 3 月 10 日，最高人民法院发布《第一批 10 个依法惩处妨害疫情防控犯罪典型案例》。

⋯⋯

其后，最高人民法院、最高人民法院、公安部、司法部等发布了一系列指导案例，指导各级公安机关、检察机关、法院等依法办案。

涉及疫情防控的法律主要有《中华人民共和国刑法》《中华人民共和国传染病防治法》《中

华人民共和国突发事件应对法》《中华人民共和国国境卫生检疫法》《中华人民共和国动物防疫法》《中华人民共和国食品安全法》《中华人民共和国治安管理处罚法》等。一般来说，惩妨害疫情防控的各类违法和犯罪行为主要分为以下几类。

第一、传染病防治法对政府及其部门、社会相关单位主体及其主管人员和直接责任人的处分

《中华人民共和国传染病防治法》（2013修正）第八章"法律责任"一章从第65条到77条区分不同类别的主体违反该法规定后承担不同的法律责任：

一是地方各级人民政府违反该法的，由上级人民政府责令改正，通报批评；造成传染病传播、流行或者其他严重后果的，对负有责任的主管人员，依法给予行政处分；构成犯罪的，依法追究刑事责任。

二是县级以上人民政府卫生行政部门、县级以上人民政府有关部门违反该法或的处置措施，对造成传染病传播、流行或者其他严重后果的，还要对对负有责任的主管人员和其他直接责任人员，依法给予行政处分；构成犯罪的，依法追究刑事责任。

三是疾病预防控制机构、医疗机构、采供血机构、国境卫生检疫机关和动物防疫机构等主体有违反该法情形的，由县级以上人民政府卫生行政部门或有关部门责令限期改正，通报批评，给予警告；对负有责任的主管人员和其他直接责任人员，依法给予降级、撤职、开除的处分，并可以依法吊销有关责任人员的执业证书；构成犯罪的，依法追究刑事责任。

四是规定了铁路、交通、民用航空经营单位未依照本法的规定优先运送处理传染病疫情的人员以及防治传染病的药品和医疗器械的，由有关部门责令限期改正，给予警告；造成严重后果的，对负有责任的主管人员和其他直接责任人员，依法给予降级、撤职、开除的处分。

此外，在承担行政责任和刑事责任外，该法还规定单位和个人违反该法规定，导致传染病传播、流行，给他人人身、财产造成损害的，应当依法承担民事责任。

第二、刑法规定妨害传染病防治罪和以危险方法危害公安安全的犯罪

《中华人民共和国刑法》（2020修正）第三百三十条规定：违反传染病防治法的规定，有下列情形之一，引起甲类传染病以及依法确定采取甲类传染病预防、控制措施的传染病传播或者有传播严重危险的，处三年以下有期徒刑或者拘役；后果特别严重的，处三年以上七年以下有期徒刑：（一）供水单位供应的饮用水不符合国家规定的卫生标准的；（二）拒绝按照疾病预防控制机构提出的卫生要求，对传染病病原体污染的污水、污物、场所和物品进行消毒处理的；（三）准许或者纵容传染病病人、病原携带者和疑似传染病病人从事国务院卫生行政部门规定禁止从事的易使该传染病扩散的工作的；（四）出售、运输疫区中被传染病病原体污染或者可能被传染病病原体污染的物品，未进行消毒处理的；（五）拒绝执行县级以上人民政府、疾病预防控制机构依照传染病防治法提出的预防、控制措施的。单位犯前款罪的，对单位判处罚金，并对其直接负责的主管人员和其他直接责任人员，依照前款的规定处罚。甲类传染病的范围，依照《中华人民共和国传染病防治法》和国务院有关规定确定。

刑法的第一百一十四条和第一百一十五条还规定：放火、决水、爆炸以及投放毒害性、放射性、传染病病原体等物质或者以其他危险方法危害公共安全，尚未造成严重后果的，处三年以上十年以下有期徒刑。 放火、决水、爆炸以及投放毒害性、放射性、传染病病原体等物质或者以其他危险方法致人重伤、死亡或者使公私财产遭受重大损失的，处十年以上有期徒刑、无期徒刑或者死刑。 过失犯前款罪的，处三年以上七年以下有期徒刑；情节较轻的，处三年以下有期徒刑或者拘役。

2020 年 2 月最高人民法院、最高人民检察院、公安部、司法部联合发布的《关于依法惩治妨害新型冠状病毒感染肺炎疫情防控违法犯罪的意见》中规定，对于违反传染病防治法的规定，拒绝执行卫生防疫机构依照传染病防治法提出的防控措施，引起新型冠状病毒传播或者有传播严重危险，不符合刑法第 114 条、第 115 条第一款规定的，依照刑法第 330 条的规定，以妨害传染病防治罪定罪处罚。在新冠疫情以来具体的法律实践中，又分为以下几种：对已经确诊的新型冠状病毒感染肺炎病人、病原携带者，拒绝隔离治疗或者隔离期未满擅自脱离隔离治疗，并进入公共场所或者公共交通工具的；新型冠状病毒感染肺炎疑似病人拒绝隔离治疗或者隔离期未满擅自脱离隔离治疗，并进入公共场所或者公共交通工具，造成新型冠状病毒传播的，以及其他拒绝执行卫生防疫机构依照传染病防治法提出的防控措施而引起新型冠状病毒传播或者有传播严重危险的，许多地方司法机关按照刑法第三百三十条的规定，将其以妨害传染病防治罪定罪处罚。

第三、疫情防控过程中关联引违法行为

典型之一，妨害公务罪和袭警罪

为加强疫情防，地方政府动员了大量的人力物力应对疫情，为防控疫情依法对不同主体采取防疫、检疫、强制隔离、隔离治疗等。其中，一些执行这些措施的人员不一定是公职人员。对此，《最高人民法院、最高人民检察院、公安部、司法部关于依法惩治妨害新型冠状病毒感染肺炎疫情防控违法犯罪的意见》明确，这里的国定机关工作人员含在依照法律、法规规定行使国家有关疫情防控行政管理职权的组织中从事公务的人员，在受国家机关委托代表国家机关行使疫情防控职权的组织中从事公务的人员，虽未列入国家机关人员编制但在国家机关中从事疫情防控公务的人员。对依法履行为防控疫情而采取的防疫、检疫、强制隔离、隔离治疗等措施的，对以暴力、威胁方法阻碍国家机关工作人员依法履行为防控疫情而采取的防疫、检疫等措施的，根据《中华人民共和国刑法》第二百七十七条和"两高两部"发布的《关于依法惩治妨害新型冠状病毒感染肺炎疫情防控违法犯罪的意见》规定，以妨害公务罪定罪处罚。

对于暴力袭击正在依法执行职务的人民警察的，从重处罚。同时，为了进一步加强对袭警行为的预防、惩治，在全社会营造敬畏法律的良好氛围。2020年刑法修正案（十一）将刑法第二百七十七条第五款修改为"暴力袭击正在依法执行职务的人民警察的，处三年以下有期徒刑、拘役或者管制；使用枪支、管制刀具，或者以驾驶机动车撞击等手段，严重危及其人身安全的，处三年以上七年以下有期徒刑"。

典型之二，编造、故意传播虚假信息导致的犯罪

这是这次疫情中新闻报道最多，而且容易引起社会恐慌引发人们关注的犯罪行为之一。由于表现形式和导致后果不同，其引发的犯罪也不同。例如。在自媒体时代，许多人为了引起关注增加流量，故意造谣传谣犯罪。编造虚假的疫情信息，在信息网络或者其他媒体上传播，或者明知是虚假疫情信息，故意在信息网络或者其他媒体上传播，一旦严重扰乱社会秩序的，触发刑法第二百九十一条之一第二款的规定："编造虚假的险情、疫情、灾情、警情，在信息网络或者其他媒体上传播，或者明知是上述虚假信息，故意在信息网络或者其他媒体上传播，严重扰乱社会秩序的，处三年以下有期徒刑、拘役或者管制；造成严重后果的，处三年以上七年以下有期徒刑。"

编造虚假信息，或者明知是编造的虚假信息，在信息网络上散布，或者组织、指使人员在信

息网络上散布，起哄闹事，造成公共秩序严重混乱的，依照刑法第二百九十三条第一款第四项的规定："有下列寻衅滋事行为之一，破坏社会秩序的，处五年以下有期徒刑、拘役或者管制：……（四）在公共场所起哄闹事，造成公共场所秩序严重混乱的。纠集他人多次实施前款行为，严重破坏社会秩序的，处五年以上十年以下有期徒刑，可以并处罚金。"以寻衅滋事罪定罪处罚。

利用新型冠状病毒感染肺炎疫情，制造、传播谣言，煽动分裂国家、破坏国家统一，或者煽动颠覆国家政权、推翻社会主义制度的，触犯了刑法第一百零三条第二款煽动分裂国家罪、和第一百零五条第二款的规定煽动颠覆国家政权罪。

而网络服务提供者不履行法律、行政法规规定的信息网络安全管理义务，经监管部门责令采取改正措施而拒不改正，致使虚假疫情信息或者其他违法信息大量传播的，则触犯了刑法第二百八十六条之一拒不履行信息网络安全管理义务罪。

此外，疫情防控期间，也会引发故意伤害医务人员的犯罪、制假售假犯罪、诈骗和聚众哄抢犯罪、失职渎职和贪污挪用犯罪。如果妨害疫情防控的违法行为虽然情节轻微危害不大不构成犯罪的，由公安机关根据治安管理处罚法予以治安管理处罚，有关部门也可以予以其他行政处罚。

延伸阅读：

1.《中央全面依法治国委员会关于依法防控新型冠状病毒感染肺炎疫情、切实保障人民群众生命健康安全的意见》，2020 年 2 月 5 日。

2．最高人民法院、最高人民检察院、公安部、司法部：《关于依法惩治妨害新型冠状病毒感染肺炎疫情防控违法犯罪的意见》，2020 年 2 月 6 日。

3．最高人民检察院：依法惩治妨害疫情防控犯罪维护疫情防控法治秩序——最高人民检察院第一检察厅负责人就发布全国检察机关依法惩治妨害传染病防治、编造、故意传播虚假信息犯罪典型案例答记者问，2021 年 08 月 08 日。

4．最高人民法院：最高人民法院发布依法惩处妨害疫情防控犯罪典型案例，2022 年 04 月 29 日。

5．最高人民检察院,公安部： 最高人民检察院、公安部依法惩治妨害疫情防控秩序犯罪典型案例，2021 年 02 月 02 日。

6．最高人民法院：最高人民法院发布第一批 10 个依法惩处妨害疫情防控犯罪典型案例，2020 年 03 月 10 日。

7．公众关心的疫情防控相关法律问题，法工委权威解答来了！中国人大网：http://www.npc.gov.cn/npc/c30834/202002/23100ec6c65145eda26ad6dc288ff9c9.shtml。

十、"以房养老"，谨防骗局

案例：

2016 年，高某经人介绍参加"以房养老"理财项目，与王某签订《借款合同》，约定王某出借 220 万元给高某。高某将案涉房屋委托龙某全权办理出售、抵押登记等，如高某不能依约归还，则龙某有权出卖案涉房屋偿还借款本息，双方对相关事项进行了公证。后龙某作为高某的委托代理人为案涉房屋办理抵押登记，并出卖给刘某。房屋转移登记至刘某名下后，龙某自称系刘某亲属，委托房屋中介机构再次寻找买家，同时，刘某为房屋办理抵押登记，登记的抵押权人为李某。王某、龙某、李某等人在本案交易期间存在大额、密集的资金往来。后高某起诉至北京市朝阳区人民法院，请求法院判决龙某代理其签订的房屋买卖合同无效，并判令刘某将案涉房屋过户回高某名下。

北京市朝阳区人民法院认为，王某、龙某、李某等人存在十分密切的经济利益联系，相关五人系一个利益共同体，就案涉房屋买卖存在恶意串通。龙某以规避实现抵押权法定程序的方式取得出卖案涉房屋的委托代理权，且滥用代理权与买受人刘某恶意串通签订房屋买卖合同，损害了高某的合法利益，应当认定龙某代理高某与刘某就案涉房屋订立的房屋买卖合同无效。故判决确认案涉房屋买卖合同无效，刘某协助将案涉房屋变更登记至高某名下。

上面这个案例曾经被列入最高人民法院 2021 年 2 月公布的"人民法院老年人权益保护十大典型案例之一。它发生在我国进入老龄化社会的时代大背景下。我国社会进入老龄化时代与独生子女时代是相伴而来的。自 20 世纪 70 年代开始，我国政府全面推行计划生育政策，并且于 80 年代初把计划生育确定为我国的一项基本国策，至今政策已实施 30 多年，出现了 9000 多万的独生子女。随着独生子女父母的老年的到来，独生子女家庭的养老问题也日渐突出。2021 年第七次全国人口普查结果显示，60 岁及以上人口为 26402 万人，占 18.70%（其中，65 岁及以上人口为 19064 万人，占 13.50%）。而且预计 2030 年我国老年人口预计会达到 3.71 亿人，将会有越来越多独生子女需要面对赡养老人的压力。如何应对人口老龄化成为国家面临的艰巨任务，"以房养老"正是在这种大背景下产生的。

以房养老这种模式在最早出现在 20 世纪的美国，反向按揭发展最成熟、最具代表性的当属美国。20 世纪 60 年代美国就开始试水以房养老，出现了住房反向抵押贷款。但由于借贷双

方风险都很高，法律和政策制度不健全直到 20 世纪 80 年代前发展都比较缓慢。1987 年，美国政府通过了《国家住房法案》，根据法案规定，联邦住宅和城市开发部联合设计开发了针对老年人住房权益转换抵押贷款(ＨＥＣＭｓ)，并由联邦住房管理局向贷款金融机构发放的贷款实行担保。1989 年，房利美尝试对住房反向抵押贷款进行资产证券化。这种反向按揭作为个人自主养老的新选择，让拥有住房的老年人通过申请反向按揭融通资金，从而有了额外的固定收入。在一定程度上补充社会养老的不足。这就美国以房养老模式的由来。有也美国的成功经验，其他发达国家也纷纷效仿。我国东邻日本从 1981 开始引进"以房养老"的概念，2002 年也正式设立这一制度。

2013 年，国务院下发《关于加快发展养老服务业的若干意见》，提出要开展老年人住房反向抵押养老保险试点，中国也开始了"以房养老"的探索。应当说，"以房养老"模式给有房产且现金不宽裕的老年人养老提供了一种全新的思路，但是这种养

老模式也为不法之徒向老年人行骗提供了新借口。此后，"以房养老"理财骗局事件频发。许多老年人因为投资"以房养老"理财项目而掉入陷阱导

致房财两失。

这个案例是典型的"套路贷"模式。"套路贷"模式是行为人利用老年人性格弱点和投资心切，把"套路贷"包装成"以房养老"的理财项目，进而非法占有老年人房产。其具体表现是不法之徒在与老年人订立住房贷款抵押合同订时，往往约定抵押权人指定的人可以在债务人不履行到期债务时自行出卖抵押财产使抵押权人优先受偿，其实质是由抵押权人自行决定出卖价格，剥夺了抵押人议定抵押财产价格的权利。上面案例中，不法之徒正是以规避实现抵押权法定程序的方式取得出售涉案房屋的委托代理权，滥用代理权与买受人恶意串通签订房屋买卖合同，从而严重损害了老年人的利益，法院在审理中是认定这种房屋买卖合同无效的。这种"套路贷"的做法不但侵害了当事人民事权益，而且也触犯了刑法，当事人要负刑事责任而且应当被施以刑罚。

除了"套路贷"骗局之外，"以房养老"的骗局还有很多，例如：一些人打着"养老公寓""以房养老"名义进行非法集资，他们诱使老年人抵押房屋以获得出借资金再将所获资金购买"理财"产品并承诺给付高额利息；一些人在商品住房销售中以"养老"名义进行虚假宣传非法吸收公众资金；捏造、散布"养老住房""养老公寓"房地产虚假信息，恶意炒作；一些不法中介为不符合交易条件的"养老住房""养老公寓"房屋提供经纪服务、发布虚假房源信息、隐瞒住房出售信息，诱骗群众买房行为；……等等。

为了依法严惩养老诈骗违法犯罪行为，治理侵害老年人合法

权益的涉诈乱象问题，全国打击整治养老诈骗专项行动于2022年4月正式启动。专项行动由平安中国建

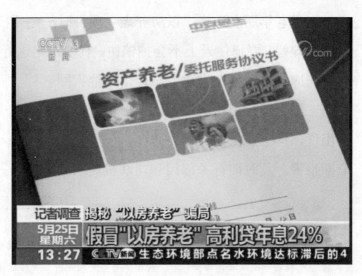

设协调小组牵头，成立全国打击整治养老诈骗专项行动办公室，中央政法委、中央网信办、最高人民法院、最高人民检察院、公安部、民政部、自然资源部、住房和城乡建设部、文化和旅游部、国家卫生健康委、市场监管总局、中国银保监会等为办公室成员单位，共同推进。住房和城乡建设系统还开展了"整治商品住房销售中以养老名义进行虚假宣传等涉诈问题隐患以及违规在城市街面张贴养老产品宣传广告的行为"两项整治行动。

当然，也不能"以房养老"视为洪水猛兽，只要选择正规的"以房养老"，老年人利益还是有保障的。老年人在选择时一定要谨记以下几点：

一是正规的"以房养老"是由专业的保险机构经营，特别要明确的是，在正规的保险中不会出现借款合同、房屋买卖合同、理财合同。在住房反向抵押过程中，房屋所有权始终归老人所有，保险公司只要抵押权，只有老人身故后保险公司方可处置。

二是老年朋友选择"以房养老"项目时一定要擦亮眼睛，保持清醒理智，要记住天上不会掉馅饼，真要决定进行"以房养老"时首先应与亲朋好友沟通、防止落入他人圈套。

三是合理运用司法资源，维护个人合法权益。一旦有争议纠纷出现，一定要保管好相关证据，一旦发现自己陷入"套路"要立即报警，及时向有关部门和司法机关求助。

---- **权威发布**

　　贯彻落实民法典关于居住权的规定，依法审理涉老年人居住权益保护案件，满足老年人稳定的生活居住需要，为"以房养老"模式提供坚实的法律保障。依法妥善审理养老服务合同纠纷案件，确保养老机构提供符合质量和安全标准的养老服务，推动机构养老规范化发展。

　　——最高人民法院：《最高人民法院关于为实施积极应对人口老龄化国家战略提供司法服务和保障的意见》，法发〔2022〕15号，2022年03月29日

延伸阅读：

　　1. 最高人民法院：《最高人民法院关于为实施积极应对人口老龄化国家战略提供司法服务和保障的意见》，法发〔2022〕15号·2022-03-29。

　　2.《"以房养老"真的靠谱吗？》，光明网，2019年06月26日。

　　3.《谨防"以房养老"骗局》，经济日报，2021年06月24日。

相关法条：

《中华人民共和国民法典》

第一百四十七条　基于重大误解实施的民事法律行为，行为人有权请求人民法院或者仲裁机构予以撤销。

第一百四十八条　一方以欺诈手段，使对方在违背真实意思

的情况下实施的民事法律行为，受欺诈方有权请求人民法院或者仲裁机构予以撤销。

第一百四十九条 第三人实施欺诈行为，使一方在违背真实意思的情况下实施的民事法律行为，对方知道或者应当知道该欺诈行为的，受欺诈方有权请求人民法院或者仲裁机构予以撤销。

第一百五十条 一方或者第三人以胁迫手段，使对方在违背真实意思的情况下实施的民事法律行为，受胁迫方有权请求人民法院或者仲裁机构予以撤销。

第一百五十一条 一方利用对方处于危困状态、缺乏判断能力等情形，致使民事法律行为成立时显失公平的，受损害方有权请求人民法院或者仲裁机构予以撤销。

第一百五十七条 民事法律行为无效、被撤销或者确定不发生效力后，行为人因该行为取得的财产，应当予以返还；不能返还或者没有必要返还的，应当折价补偿。有过错的一方应当赔偿对方由此所受到的损失；各方都有过错的，应当各自承担相应的责任。法律另有规定的，依照其规定。

婚姻家庭篇

　　退役军人告别军旅生涯，告别金戈铁马，开始回归相对正常的婚姻家庭生活。曾经"距离"产生的"美"在家庭琐碎生活的碰撞中，在每日柴米油盐酱醋茶的消磨中逐步淡去，如果处理不好家庭成员间的生活琐事，一些问题就会随之产生。本篇讲述婚姻家庭在出现问题时如何保护好自己的合法权益。

一、离婚中的财产分割问题

案例：

李某系退役军人，经人介绍与吕某登记结婚，婚后无子女。由于婚后经常磕磕绊绊，相互看不惯，经常吵架。此前李某曾向法院提出与吕某离婚，经法院调解后，李某撤诉。半年后，2017年10月，吕某向河北XX县人民法院提出诉讼，请求法院解除两人的夫妻关系，并分割财产。李某同意离婚，但对财产分割提出异议。两人围绕诉讼请求依法提交了证据，双方对婚姻感情问题无异议，主要对共同财产共同债务情况有异议。

（一）法院经审理认为：原被告经人介绍结婚并共同生活，但因感情不和自2016年年底分居至今。李某曾于2017年4月10日向邢台市XX区人民法院起诉要求离婚，后虽撤诉，但未和好。现吕某起诉，李某同意离婚，应视为夫妻感情已经破裂，故吕某要求与李某离婚的诉讼请求人民法院予以支持。

（二）关于所涉房屋由李某父亲于2009年8月14日向杨某某购买后，8月24日由李某办理房屋所有权转移登记手续，8月26日在XX市住房保障和房产管理局办理了房屋所有权证书，产权人为李某。原被告于XXXX年XX月XX日登记结婚，故该房屋应视为被告父亲对自己子女的个人赠与，实为李某婚前个人财产，相应的房屋增值部分也属于李某个人财产。原告称被告曾承诺将房屋赠与原告，因无直接证据予以佐证，法院不予支持。被告在原告起诉前曾向邢台市XX区人民法院起诉，承认原告在婚后和自己共同偿还贷款，故该贷款部分应由被告对原告进行补偿。依据其提交的房屋还贷明细清单，每月还款金额为 1243.47 元。故被告应对原告补偿从双方结婚 XXXX 年 XX 月 XX 日至今，共1243.47×80÷2=49738.8 元。

（三）依法律规定，涉及分割发放到军人名下的复员费、自主择业费等一次性费用的，以夫妻婚姻关系存续年限乘以年平均值（将发到军人名下的上述费用总额按具体年限均分得出的数额，其具体年限为人均寿命七十岁与军人入伍时实际年龄的差额），所得数额为夫妻共同财产。被告 2000 年入伍，双方认可 20 万元择业费每年平均值为 3922 元。因被告承认该择业费用于房屋装修购买家具住院治病等，婚姻存续期间为 6 年，故应给付原告11766 元。车辆购置费用 8 万元，现该车由被告方驾驶用于邢台至广宗间运输，考虑到实际情况，该车由被告所有，酌情补偿原告 14000 元为宜；关于被告所称共同债务，原告予以否认，被告也未提交相关证据，法院不予支持，被告可另行起诉。

（四）因原告在双方婚后四次怀孕流产、患有皮肤病并在所居住地 XX 区没有其他住处，被告予以承认，被告应给予原告适当经济帮助。结合本案实际情况，由被告一次性给付原告 2万元为宜。原告目前在邢台市该房居住，在邢台及广宗老家没有其他独立住处，应给付原告一定时间的居住权，考虑到临近年终岁尾的实际情况，原告居住时间定为即日起至公历 2018 年5 月 1 日为宜。

据此，法院判决同意原告吕某与被告李某离婚；要求被告李某于本判决生效之日起十日内给付原告吕某共同偿还房屋贷款、军人安置费分割部分、宝骏汽车补偿款、经济帮助共计 95505 元；驳回原被告其他诉讼请求。如果未按本判决指定的期间履行给付金钱义务，应当按照《中华人民共和国民事诉讼法》第二百五十三条之规定，加倍支付迟延履行期间的债务利息。

解析：

这是一例比较典型的退役军人离婚案件，主要涉及以下几个问题：

一是离婚案的起诉问题。对于现役军人的离婚诉讼，应当要征得军人同意，但军人有重大过错的除外。对于退役军人的离婚诉讼，法律没有特殊的规定。根据我国法律规定，离婚案件中，原告撤诉后，一般在 6 个月之后才能向人民法院再次提起诉讼。但如果撤诉后 6 个月之内，有新理由或者新情况的，可以随时向人民法院提起诉讼。撤诉分为原告主动撤诉和人民法院接撤诉处理两种情况：原告主动撤诉即原告向人民法院申请撤诉，人民法院认为撤诉符合法律规定，同意撤诉；人民法院接撤诉处理一般指原告没有按照法庭规定的时间出庭，人民法院出具按撤诉处理的法律文书。由于婚姻关系涉及身份关系以及社会、家庭稳定和谐，我国《中华人民共和国民事诉讼法》专门规定"判决不准离婚和调解和好的离婚案件，原告撤诉和按撤诉处理的离婚案件，没有新情况、新理由，原告在六个月内起诉的，不予受理"。对此，无论是因为什么原因撤诉的，只有有新情况新理由的，才能在 6 个月内再次起诉离婚。

婚姻格言

婚姻的本质像是一种生长缓慢的植物，需要不断灌溉，加施肥料，修枝理叶，打杀害虫，才有持久的绿荫。

婚姻，不是理论，而是细节。生活，不是书本，而是冷暖。

婚姻不是生活一辈子不吵架，而是吵架了还能生活一辈子。

二是对于离婚财产的分割，比较特殊的是关于退役军人复员费的分割。军人因为履行特殊义务，他们除日常工资外，还包括伤亡保险金、伤残补助金、医药生活补助费、复员费、转业费等。对其分割法律有专门的规定，不能简单地作为婚内共同财产处理。2020 年 12 月颁行的《最高人民法院关于适用<中华人民共和国民法典>婚姻家庭编的解释（一）》沿袭了过去《最高人民法院关于适用〈中华人民共和国婚姻法〉若干问题的解释（二）》的精神，规定军人的伤亡保险金、伤残补助金、医药生活补助费属于个人财产。人民法院审理离婚案件，涉及分割发放到军人名下的复员费、自主择业费等一次性费用的，以夫妻婚姻关系存续年限乘以年平均值，所得数额为夫妻共同财产。前款所称年平均值，是指将发放到军人名下的上述费用总额按具体年限均分得出的数额。其具体年限为人均寿命七十岁与军人入伍时实际年龄的差额。人民法院在判决离婚时已经考虑了这一规定。

三是对于其他财产的分割认定，法律有明确的规定。《民法典》规定，夫妻在婚姻关系存续期间所得的下列财产，为夫妻的共同财产，归夫妻共同所有。共有财产包括了工资、奖金和其他劳务报酬；生产、经营、投资的收益；知识产权的收益；继承或者受赠的财产（但本法第一千零六十三条第三项规定的除外）；其他应当归共同所有的财产。夫妻对共同财产，有平等的处理权。婚姻关系存续期间一方或双方取得的债权，也属于共同财产。对于在婚姻关系存续期间，双方用夫妻共同财产出资购买以一方父母名义参加房改的房屋，登记在一方父母名下，离婚时另一方主张按照夫妻共同财产对该房屋进行分割的，人民法院不予支持。购买该房屋时的出资，可以作为债权处理。

双方对夫妻共同财产中的房屋价值及归属无法达成协议时，人民法院按以下情形分别处理：双方均主张房屋所有权并且同意竞价取得的，应当准许；一方主张房屋所有权的，由评估机构按市场价格对房屋做出评估，取得房屋所有权的一方应当给予另一方相应的补偿；双方均不主张房屋所有权的，根据当事人的申请拍卖、变卖房屋，就所得价款进行分割。

对于一方的婚前财产，一般属于夫妻个人财产，离婚时不参与分割。除非夫妻双方另有约定。

婚前财产婚后是否属于夫妻共同财产，尤其是婚后共同生活居住的房屋，更是离婚时双方都十分关注的问题。当事人结婚前，父母为双方购置房屋出资的，该出资应当认定为对自己子女的个人赠与，但父母明确表示赠与双方的除外。房屋系一方婚前以个人财产支付首付款且房屋权属证书登记在一方名下，为个人婚前财产。婚姻关系存续期间，双方共同支付按揭贷款的，离婚时，由取得房屋所有权的一方返还对方相当于已付按揭贷款一半的款项，并计同期银行存款利息。最高人民法院于 2020 年 12 月颁行的《关于适用〈中华人民共和国民法典〉婚姻家庭编的解释（一）》规定："夫妻一方婚前签订不动产买卖合同，以个人财产支付首付款并在银行贷款，婚后用夫妻共同财产还贷，不动产登记于首付款支付方名下的，离婚时该不动产由双方协议处理。依前款规定不能达成协议的，人民法院可以判决该不动产归登记一方，尚未归还的贷款为不动产登记一方的个人债务。双方婚后共同还贷支付的款项及其相对应财产增值部分，离婚时应根据《民法典》第一千零八十七条第一款规定的原则，由不动产登记一方对另一方进行补偿。"

分割财产时要考虑以下因素：

一是协议优先原则。《民法典》规定："离婚时，夫妻的共同财产由双方协议处理；协议不成的，由人民法院根据财产的具体情况，按照照顾子女、女方和无过错方权益的原则判决。"可见，离婚财产分割的首要原则是协议优先原则，当事人有约定时，按约定处理。协议优先原则也是当事人意思自治原则在婚姻处理上的具体体现。

二是考虑男女平等原则。男女平等原则既反映在《民法典·婚姻家庭编》的法律规范中，即"婚姻家庭受国家保护。实行婚姻自由、一夫一妻、男女平等的婚姻制度"；又是人民法院处理婚姻家庭案件的办案指南。该原则体现在离婚财产分割上，就是夫妻双方有平等地分割共同财产的权利，平等地承担共同债务的义务。在离婚财产分割时，不因创造财富的多少而确定财产的分配份额。

三是照顾子女和女方利益原则。《民法典》规定"保护妇女、未成年人、老年人、残疾人的合法权益"。这里的"照顾"，是指既可以在财产份额上给予女方适当多分，也可以在财产种类上将某项生活特别需要的财产，比如住房，分配给女方。毕竟从习惯上受传统因素的影响，从妇女的家务负担、生理特点上讲，离婚后妇女在寻找工作和谋生能力上通常弱于男性，需要社会给予更多的帮助。在实际生活中，女方在夫妻关系存续期间，一般为照顾老人、子女付出较多。因此，要适当照顾女方和子女的合法权益。

四是有利生活、方便生活原则。在离婚分割共同财产时，应注意以"有利生活、方便生活"的原则进行分配。分割时不应损害财产效用、性能和经济价值。另一方面，也应根据各自的实际需要，做到方便生活。对不宜分割的财产，应该尽量给实际需要的一方，而给另一方相应的货币补偿。

五是照顾无过错方的原则。由一方的过错导致夫妻感情破裂而离婚的，无过错方有权提出婚姻损害赔偿。《民法典》第一千零九十一条规定："有下列情形之一，导致离婚的，无过错方有权请求损害赔偿：（一）重婚；（二）与他人同居；（三）实施家庭暴力；（四）虐待、遗弃家庭成员；（五）有其他重大过错。"

延伸阅读：

1.中央军委办公厅印发新修订的《军队人员婚姻管理若干规定》，微博号：国防部发布（新华社北京 2021 年 1 月 5 日电）。

2.《司法大数据专题报告之离婚纠纷》，最高人民法院网，发布时间：2018-03-23。

3.《离婚冷静期来了，如何保护婚姻中弱势方权益》，载《光明日报》2020 年 12 月 08 日 02 版。

相关法条：

《中华人民共和国民法典》

第一千零八十七条 离婚时，夫妻的共同财产由双方协议处理；协议不成的，由人民法院根据财产的具体情况，按照照顾子女、女方和无过错方权益的原则判决。

对夫或者妻在家庭土地承包经营中享有的权益等，应当依法予以保护。

第一千零八十八条 夫妻一方因抚育子女、照料老年人、协助另一方工作等负担较多义务的，离婚时有权向另一方请求补偿，另一方应当给予补偿。具体办法由双方协议；协议不成的，由人民法院判决。

第一千零八十九条 离婚时，夫妻共同债务应当共同偿还。共同财产不足清偿或者财产归各自所有的，由双方协议清偿；协议不成的，由人民法院判决。

第一千零九十条 离婚时，如果一方生活困难，有负担能力的另一方应当给予适当帮助。具体办法由双方协议；协议不成的，由人民法院判决。

最高人民法院关于适用《中华人民共和国民法典》婚姻家庭编的解释（一）

（2020 年 12 月 25 日最高人民法院审判委员会第 1825 次会议通过）

第三十条 军人的伤亡保险金、伤残补助金、医药生活补助费属于个人财产。

第三十一条 民法典第一千零六十三条规定为夫妻一方的个人财产，不因婚姻关系的延续而转化为夫妻共同财产。但当事人另有约定的除外。

第六十九条 当事人达成的以协议离婚或者到人民法院调解离婚为条件的财产以及债务处理协议，如果双方离婚未成，一方在离婚诉讼中反悔的，人民法院应当认定该财产以及债务处理协议没有生效，并根据实际情况依照民法典第一千零八十七条和第一千零八十九条的规定判决。

当事人依照民法典第一千零七十六条签订的离婚协议中关于财产以及债务处理的条款，对男女双方具有法律约束力。登记离婚后当事人因履行上述协议发生纠纷提起诉讼的，人民法院应当受理。

第七十条 夫妻双方协议离婚后就财产分割问题反悔，请求撤销财产分割协议的，人民法院应当受理。

人民法院审理后，未发现订立财产分割协议时存在欺诈、胁迫等情形的，应当依法驳回当事人的诉讼请求。

第七十一条 人民法院审理离婚案件，涉及分割发放到军人名下的复员费、自主择业费等一次性费用的，以夫妻婚姻关系存续年限乘以年平均值，所得数额为夫妻共同财产。

前款所称年平均值，是指将发放到军人名下的上述费用总额按具体年限均分得出的数额。其具体年限为人均寿命七十岁与军人入伍时实际年龄的差额。

第七十二条 夫妻双方分割共同财产中的股票、债券、投资基金份额等有价证券以及未上市股份有限公司股份时，协商不成或者按市价分配有困难的，人民法院可以根据数量按比例分配。

第七十三条 人民法院审理离婚案件，涉及分割夫妻共同财产中以一方名义在有限责任公司的出资额，另一方不是该公司股东的，按以下情形分别处理：

（一）夫妻双方协商一致将出资额部分或者全部转让给该股东的配偶，其他股东过半数同意，并且其他股东均明确表示放弃优先购买权的，该股东的配偶可以成为该公司股东；

（二）夫妻双方就出资额转让份额和转让价格等事项协商一致后，其他股东半数以上不同意转让，但愿意以同等条件购买该出资额的，人民法院可以对转让出资所得财产进行分割。其他股东半数以上不同意转让，也不愿意以同等条件购买该出资额的，视为其同意转让，该股东的配偶可以成为该公司股东。

用于证明前款规定的股东同意的证据，可以是股东会议材料，也可以是当事人通过其他合法途径取得的股东的书面声明材料。

第七十四条 人民法院审理离婚案件，涉及分割夫妻共同财产中以一方名义在合伙企业中的出资，另一方不是该企业合伙人的，当夫妻双方协商一致，将其合伙企业中的财产份额全部或者部分转让给对方时，按以下情形分别处理：

（一）其他合伙人一致同意的，该配偶依法取得合伙人地位；

（二）其他合伙人不同意转让，在同等条件下行使优先购买权的，可以对转让所得的财产进行分割；

（三）其他合伙人不同意转让，也不行使优先购买权，但同意该合伙人退伙或者削减部分财产份额的，可以对结算后的财产进行分割；

（四）其他合伙人既不同意转让，也不行使优先购买权，又不同意该合伙人退伙或者削减部分财产份额的，视为全体合伙人同意转让，该配偶依法取得合伙人地位。

第七十五条 夫妻以一方名义投资设立个人独资企业的，人民法院分割夫妻在该个人独资企业中的共同财产时，应当按照以下情形分别处理：

（一）一方主张经营该企业的，对企业资产进行评估后，由取得企业资产所有权一方给予另一方相应的补偿；

（二）双方均主张经营该企业的，在双方竞价基础上，由取得企业资产所有权的一方给予另一方相应的补偿；

（三）双方均不愿意经营该企业的，按照《中华人民共和国个人独资企业法》等有关规定办理。

第七十六条 双方对夫妻共同财产中的房屋价值及归属无法达成协议时，人民法院按以下情形分别处理：

（一）双方均主张房屋所有权并且同意竞价取得的，应当准许；

（二）一方主张房屋所有权的，由评估机构按市场价格对房屋作出评估，取得房屋所有权的一方应当给予另一方相应的补偿；

（三）双方均不主张房屋所有权的，根据当事人的申请拍卖、变卖房屋，就所得价款进行分割。

第七十七条　离婚时双方对尚未取得所有权或者尚未取得完全所有权的房屋有争议且协商不成的，人民法院不宜判决房屋所有权的归属，应当根据实际情况判决由当事人使用。

当事人就前款规定的房屋取得完全所有权后，有争议的，可以另行向人民法院提起诉讼。

第七十八条　夫妻一方婚前签订不动产买卖合同，以个人财产支付首付款并在银行贷款，婚后用夫妻共同财产还贷，不动产登记于首付款支付方名下的，离婚时该不动产由双方协议处理。

依前款规定不能达成协议的，人民法院可以判决该不动产归登记一方，尚未归还的贷款为不动产登记一方的个人债务。双方婚后共同还贷支付的款项及其相对应财产增值部分，离婚时应根据民法典第一千零八十七条第一款规定的原则，由不动产登记一方对另一方进行补偿。

第七十九条　婚姻关系存续期间，双方用夫妻共同财产出资购买以一方父母名义参加房改的房屋，登记在一方父母名下，离婚时另一方主张按照夫妻共同财产对该房屋进行分割的，人民法院不予支持。购买该房屋时的出资，可以作为债权处理。

第八十条　离婚时夫妻一方尚未退休、不符合领取基本养老金条件，另一方请求按照夫妻共同财产分割基本养老金的，人民法院不予支持；婚后以夫妻共同财产缴纳基本养老保险费，离婚时一方主张将养老金账户中婚姻关系存续期间个人实际缴纳部分及利息作为夫妻共同财产分割的，人民法院应予支持。

第八十一条　婚姻关系存续期间，夫妻一方作为继承人依法可以继承的遗产，在继承人之间尚未实际分割，起诉离婚时另一方请求分割的，人民法院应当告知当事人在继承人之间实际分割遗产后另行起诉。

第八十二条　夫妻之间订立借款协议，以夫妻共同财产出借给一方从事个人经营活动或者用于其他个人事务的，应视为双方约定处分夫妻共同财产的行为，离婚时可以按照借款协议的约定处理。

第八十三条　离婚后，一方以尚有夫妻共同财产未处理为由向人民法院起诉请求分割的，经审查该财产确属离婚时未涉及的夫妻共同财产，人民法院应当依法予以分割。

第八十四条　当事人依据民法典第一千零九十二条的规定向人民法院提起诉讼，请求再次分割夫妻共同财产的诉讼时效期间为三年，从当事人发现之日起计算。

二、离婚中的子女抚养争议

案例：

原告段某某诉称：原告和被告尹某于 2011 年 6 月 23 日结婚，婚后一直感情不好。2013 年 1 月 18 日原告生育男孩尹某某，夫妻感情丝毫没有转变，被告动辄即对段某进行殴打。原告多次报警，有关部门对被告屡次教育，但被告始终不知悔改，对原告的殴打变本加厉。2013 年 9 月 2、3、4 日连续 3 个晚上纠集其两个堂弟和四姨共 4 人在住房内殴打原告，同时还打伤原告父母。由于被告在婚后两年多时间内长期对原告及家人实施暴力行为，导致双方无法继续共同生活，夫妻感情彻底破裂。为了保障原告及其家人的人身安全，恳请人民法院判决准许离婚。目前孩子处于哺乳期，没有母亲照顾不利于孩子身心健康，应由原告抚养，由被告一次性支付抚养费。

广东省 XX 市 XX 区人民法院经审理查明：原、被告于 2006 年自由恋爱，2011 年 6 月 23 日登记结婚，2013 年 1 月 18 日生育儿子尹某某。婚后初期双方感情尚可，后因家庭开支、子女抚养等问题发生矛盾。原告主张被告多次对其实施殴打，被告尹某对此不认可，称双方仅是因生活琐事发生矛盾。人民法院依职权调取了珠海市公安局 XX 派出所询问笔录，尹某 2013 年 9 月 3 日报警称被段某某及其父母殴打。一审法院还对 9 月 4 日晚出警民警进行询问，民警描述现场所见原告及其母亲受伤较重，房间地面有血迹。段某某被殴打至昏迷，面容痛苦，由担架抬上120急救车途中呕吐。到医院后身体瘫软，无法站立。尹某面部、颈部有陈旧抓痕，衣服被撕破，无新伤，尹某二位堂弟及四姨李某某未见明显外伤。

广东省 XX 市 XX 区人民法院于 2013 年 11 月 18 日作出民事判决：1. 准许原告段某某与被告尹某离婚；2. 原、被告婚生儿子尹某某由原告段某某抚养，被告尹某每月 10 日前支付抚养费 1500 元，至尹某某年满 18 周岁止。后尹某不服一审判决，提起上诉，广东省 XX 市中级人民法院审理后作出判决：驳回上诉，维持原判。

解析：

1. 家庭暴力调解无效应准予离婚

夫妻双方因生活琐事发生矛盾，不能相互体谅，导致矛盾升级并导致双方亲戚卷入，男方甚至携亲戚将女方打晕，下手之重，足以证明夫妻感情荡然无存。因此，人民法院对女方诉称夫妻感情已经破裂，予以采信，准许离婚。

《中华人民共和国民法典》

第一千零七十九条　夫妻一方要求离婚的，可以由有关组织进行调解或者直接向人民法院提起离婚诉讼。

人民法院审理离婚案件，应当进行调解；如果感情确已破裂，调解无效的，应当准予离婚。

有下列情形之一，调解无效的，应当准予离婚：

（一）重婚或者与他人同居；

（二）实施家庭暴力或者虐待、遗弃家庭成员；

（三）有赌博、吸毒等恶习屡教不改；

（四）因感情不和分居满二年；

（五）其他导致夫妻感情破裂的情形。

一方被宣告失踪，另一方提起离婚诉讼的，应当准予离婚。

经人民法院判决不准离婚后，双方又分居满一年，一方再次提起离婚诉讼的，应当准予离婚。

2.对未成年子女抚养的争议

离婚不仅仅是夫妻两个人和两个家庭的关系，在离婚关系中，受影响最大的是婚姻双方的未成年子女。如何抚养未成年子女是离婚中易发生争议。父母与子女间的关系，不因父母离婚而消除。因为未成年人还不是完全民事行为能力人，人民法院区别不同情况采取不同的处理方式。

（1）不满两周岁的子女，以由母亲直接抚养为原则。

（2）已满两周岁的子女，父母双方对抚养问题协议不成的，由人民法院根据双方的具体情况，按照最有利于未成年子女的原则判决。

（3）子女已满八周岁的，应当尊重其真实意愿。

婚姻格言

婚姻是种艺术，人们渴望从中获得"二位一体"的契合，又不愿失落"自我"的独立。

家庭是子女获得成长、安全的地方，更重要的是让自己的家庭成为教导真理的地方。

另外，《中华人民共和国妇女权益保障法》第五十条还规定了适当照顾女方的原则，即"离婚时，女方因实施绝育手术或者其他原因丧失生育能力的，处理子女抚养问题，应在有利子女权益的条件下，照顾女方的合理要求"。

在本案中，根据"不满两周岁的子女，由母亲直接抚养"的原则，虽然被告尹某将尚在哺乳期的儿子带回湖南老家交由父亲和保姆照顾，但原告段某某要求在离婚后抚养儿子尹某某，符合法律规定，人民法院予以支持。

当然，离婚后，子女无论由父或者母直接抚养，仍是父母双方的子女。离婚后，父母对于子女仍有抚养、教育、保护的权利和义务。不直接抚养子女一方有探望子女的权利，另一方有协助的义务，除非有中止探望的事由发生。

《中华人民共和国民法典》

第一千零八十六条 离婚后，不直接抚养子女的父或者母，有探望子女的权利，另一方有协助的义务。

行使探望权利的方式、时间由当事人协议；协议不成的，由人民法院判决。

父或者母探望子女，不利于子女身心健康的，由人民法院依法中止探望；中止的事由消失后，应当恢复探望。

3. 子女抚养费的问题

离婚后，子女由一方直接抚养的，并不意味着另一方没有抚养的义务，应当以给予部分或全部抚养费的形式来体现。负担费用的多少和期限的长短，离婚夫妻可以双方协议；如果协议不成，则由人民法院判决。

子女抚养费确定之后不是一成不变的。根据社会生活水平的提高和物价指数的上涨，抚养方也可以通过协商或向人民法院

起诉的方式要求另一方适当增加抚养费。除去协议或判决外，如果非成年子女有特殊需要，还可以向父母任何一方提出额外抚养费用的合理要求。

案例中，原告段某某要求每月支付抚养费 1500 元，就是综合考虑被告尹某月收入 7000 元以及珠海市生活水平，按照抚养费一般可按月总收入的 20%至 30%的比例给付的规定，请求的金额适当，人民法院予以支持。

《中华人民共和国民法典》

第一千零八十五条 离婚后，子女由一方直接抚养的，另一方应当负担部分或者全部抚养费。负担费用的多少和期限的长短，由双方协议；协议不成的，由人民法院判决。

前款规定的协议或者判决，不妨碍子女在必要时向父母任何一方提出超过协议或者判决原定数额的合理要求。

延伸阅读：

1.共青团中央中国特色社会主义理论体系研究中心课题组：《面对婚姻，年轻人在忧虑什么——青年婚恋意愿调查》，载《光明日报》2021年10月08日07版。网址链接：https://news.gmw.cn/2021-10/08/content_35214247.htm。

2.《离婚教育：让单亲父母学会如何"爱"孩子》，光明网·光明教育频道，网址链接：https://edu.gmw.cn/2019-08/15/content_33078633.htm。

三、婚姻"忠诚协议"能强制执行吗

案例一：

赵某、胡某双方于 2015 年登记结婚。在登记结婚前，胡某曾于婚前向赵某出具一份婚前协议，内容为："我胡某：如果有一天不要赵某，或者背叛赵某。我所有财产都归她所有。我有一辆车和房子都归赵某所有。如果我胡某犯上哪一条，我都净身出户。"双方婚后未生育子女。2018 年 4 月，赵某向 XX 县人民法院提起诉讼，请求判决与胡某离婚。XX 县人民法院经审理后作出判决，驳回赵某的诉讼请求。2019 年 5 月，赵某又向 XX 县人民法院提起诉讼，请求判决与被告离婚。人民法院经审理后作出判决，准许原被告离婚。此后，赵某以人民法院未对夫妻共同财产分割，且胡某向其出具一份协议为由向人民法院提起诉讼。

人民法院认为，该案首先应当明确被告向原告出具的婚前协议的性质。双方在协议中约定，如果被告不要原告或背叛原告，则被告的财产都归原告所有。该协议应是双方为维护婚姻关系的稳定所做的"忠诚协议"，对维护婚姻关系稳定具有积极作用。但是夫妻之间是否忠诚属于情感道德领域的范畴，夫妻双方之间订立的忠诚协议应当本着诚信自觉自愿履行，不应赋予其强制执行效力。法律不阻止夫妻之间在结婚前后签订此类协议，但是不应由法律赋予其强制执行力。法律允许夫妻对财产关系及婚后所取得财产的分配等进行约定，但是不允许通过协议来设定人身关系。人身权系法定权，不能通过合同来调整。原告依照该协议向人民法院提起诉讼要求确认案涉房屋及车辆归原告所有，于法无据，不予支持。同时，原告主张案涉房屋基于房屋原居住地房屋拆迁后所得补偿款置换而来，在举行婚礼前被告已经取得该房屋的实际使用权。故原告主张案涉房屋系同居期间所取得财产，无事实依据。案涉车辆的取得系被告于婚前购买并注册登记。原告也未提供证据证实案涉房屋及车辆系双方同居期间共同出资购买。原告未能举证证明自己的主张，应承担举证不能的法律后果。人民法院由此作出判决：驳回原告赵某的诉讼请求。案件受理费减半收取由原告赵某负担。

赵某不服判决，向 XX 市中级人民法院提起上诉。二审中，双方当事人均未提交新证据。二审法院经审理认为，根据双方当事人的陈述，案涉房屋尚未办理产权登记手续，故对上诉人请求判决涉案房屋归其所有的诉讼请求，人民法院不予支持。针对上诉人主张的车辆，该车辆应为被上诉人婚前个人财产，不属于双方当事人的共有财产，而涉案婚前协议侵犯了法律赋予公民的婚姻自由权，对被上诉人不具有法律约束力，故上诉人主张该车归其所有无法律依据，人民法院不予支持。故二审法院作出判决：驳回上诉，维持原判。二审案件受理费由上诉人赵某负担。本判决为终审判决。

案例二：

王某（女）、李某（男）于 2006 年 3 月登记结婚，2006 年 12 月育有一子。此后，李某发现王某有出轨行为。2010 年 7 月 3 日，王某向李某出具《保证书》，保证不再与出轨对象有任何一丝往来；若再发生有损夫妻感情的过错行为，愿自愿放弃夫妻所拥有的X处房产的全部产权，所有权归丈夫李某，共同财产（包括存款等）按照女方占40%、男方占60%的比例分割……2012年4月，双方购买一辆汽车登记在李某名下。2013年11月20日，李某、王某、儿子共同取得一套房产。2018年2月，王某住回娘家，双方分居。随后，王某向人民法院起诉，请求人民法院判决其与李某离婚；儿子由王某抚养，李某每月支付抚养费1200元；同时依法分割夫妻共同财产。

李某应诉，并提供王某出轨的多项证据，提出根据《保证书》的约定，王某无权分割夫妻共同财产。王某认为，《保证书》是在胁迫的情况下写的，效力不认可。

儿子表示：愿意和妈妈一起生活。

人民法院于2019年4月作出判决：1.准予王某与李某离婚；2.儿子由王某抚养，李某自2019年6月起每月给付儿子抚养费XXX元，至儿子能独立生活时止；3.X处房屋由王某与李某按份共有，其中王某占40%份额，李某占60%份额；4.汽车1辆（现价值3万元）归王某所有，王某于判决发生法律效力后十日内给付李某车辆归并款18000元。

宣判后，李某向XX市中级人民法院提出上诉，请求按照夫妻忠诚协议约定重新分割财产。XX市中级人民法院于2019年9月作出民事调解书：1.王某与李某离婚；2.儿子由王某抚养，李某自2019年6月起每月给付儿子抚养费XXX元，至儿子能独立生活时止；3.X 处房屋由王某与李某按份共有，其中王某占 35%份额，李某占 65%份额（关于房屋的使用双方已另行约定）；4.汽车 1 辆归王某所有。

解析：

一般来说，婚姻忠诚协议是夫妻双方在结婚前后，为保证双方在婚姻关系存续期间不违反夫妻忠实义务而以书面形式约定对财产预先进行处分的协议。夫妻具有互相忠诚的义务。《中华人民共和国民法典》第一千零四十三条规定："家庭应当树立优良家风，弘扬家庭美德，重视家庭文明建设。夫妻应当互相忠实，互相尊重，互相关爱；家庭成员应当敬老爱幼，互相帮助，维护平等、和睦、文明的婚姻家庭关系。"订立类似的婚姻忠诚协议，往往是夫妻双方出于维持婚姻家庭关系所采用的一种具体的书面形式。

对夫妻忠诚协议的效力主要存在有效论和无效论两种观点。

有效论观点认为，忠诚协议是夫妻双方以夫妻自治为基础，将婚姻关系中的忠实义务通过约定使其具体化。夫妻缔结忠诚协议只要行为人具有相应的民事行为能力、意思表示真实、协议内容不违反法律强制性规定或公序良俗，本身就是对法律的尊重，是对法律所维护的秩序与公平价值的尊重，应当受到法律保护。从价值取向看，认定忠诚协议有效可以对夫妻双方起到一定的约束作用。制裁一方的放纵行为，对无过错方做出补偿，有利于维护平等、和睦、文明的婚姻家庭关系和良好的社会风尚。

婚姻格言

> 婚姻犹如暴风雨的避风港，同时，常常也是港中的暴风雨。
>
> 婚姻是互相的成全，彼此提供爱的环境，是自我的延伸与开展。

无效性观点认为，过去的《中华人民共和国婚姻法》（简称《婚姻法》）和现行《民法典》对婚姻忠实义务的规定是一种道德层面的倡导性规范。夫妻一方在离婚案件中以对方违反忠诚协议为由主张损害赔偿于法无据。在过去的《婚姻法》和现行的《民法典》中，没有规定夫妻忠实义务可以通过约定进行处置。此外，由于婚姻忠诚协议有时还涉及子女抚养问题，而子女抚养问题属于人身关系，这不在民事法律和合同法调整范围之内。意思自治在婚姻家庭领域不能予以无节制地扩张。《民法典》第一千零九十一条规定了离婚损害赔偿制度，该条将夫妻一方严重违反忠实义务的情形予以定型化，否定了婚姻关系存续期间的其他侵权之诉。而夫妻忠诚协议约定的不忠行为一般轻于过去的《婚姻法》第四十六条规定的情形，如允许其单独成诉，明显与婚姻法体系规定的人身和财产制度相背。

但是，以法律适用的逻辑体系而言，以《中华人民共和国

合同法》或《民法典》的规范为依据，以意思自治为基础认定夫妻忠诚协议有效并不妥当，人们更应该以发展的眼光审视新事物。

在离婚诉讼实践中，人民法院判决中对于婚姻忠诚协议根据《婚姻法》第四条即现行《民法典》第一千零四十三条的规定，夫妻双方互负忠诚义务。违反忠诚义务的法律后果体现在《婚姻法》第四十六条即现行《民法典》第一千零九十一条中，即离婚时无过错方享有主张损害赔偿的权利。夫妻间的忠诚义务更多的是一种情感道德义务，夫妻虽自愿以民事协议的形式将夫妻忠诚的道德义务转化为法律义务，但也是变相以金钱衡量忠诚，存在道德风险。

因此，人民法院往往认为，夫妻间订立的忠诚协议应由当事人自觉履行，法律并不赋予其强制执行力，不能以此作为分割夫妻共同财产或确定子女抚养权归属的依据；但在离婚分割夫妻共同财产时，一般会综合考虑婚姻关系中各自的付出、过错方的过错程度和对婚姻破裂的消极影响，对无过错方酌情予以照顾，平衡双方利益，以裁判树立正确的价值导向。

延伸阅读：

1.《河北唐山乐亭县多方协力为婚姻"号脉"，婚调委巧断家务事护航家庭幸福》，载《中国妇女报》2021 年 09 月 02 日第 3 版。

2.《保障家庭成员平等权益 维系家庭共同生活秩序 我国家庭领域立法不断完善》，载《中国妇女报》2021 年 12 月 13 日第 5 版。

相关法条：

《中华人民共和国民法典》

第一千零四十三条 家庭应当树立优良家风，弘扬家庭美德，重视家庭文明建设。

夫妻应当互相忠实，互相尊重，互相关爱；家庭成员应当敬老爱幼，互相帮助，维护平等、和睦、文明的婚姻家庭关系。

第一千零九十一条 有下列情形之一，导致离婚的，无过错方有权请求损害赔偿：

（一）重婚；

（二）与他人同居；

（三）实施家庭暴力；

（四）虐待、遗弃家庭成员；

（五）有其他重大过错。

四、遗产继承问题

案例：

黄某因丈夫逝世后遗产继承诉至法院，称其所住房屋为其与被继承人王某的夫妻共同财产。王某因病死亡后，其儿子王某杰出生。王某的遗产，应当由妻子黄某、儿子王某杰与王某的父母即被告王父、王母等法定继承人共同继承。请求法院在析产继承时，考虑王父、王母有自己房产和退休工资，而黄某无固定收入还要抚养幼子的情况，对黄某和王某杰给予照顾。

被告王父、王母辩称：儿子王某生前留下遗嘱，明确将房屋及其所有财产包括单位在死后发放的抚恤金赠予二被告，故对该房产不适用法定继承。黄某所生的孩子与王某不存在血缘关系，王某在遗嘱中声明他不要这个人工授精生下的孩子，他在得知自己患癌症后，已向黄某表示过不要这个孩子，是黄某自己坚持要生下孩子。因此，应该由黄某对孩子负责，不能将孩子列为王某的继承人。

法院经审理查明：黄某与王某登记结婚后，长期没有生育，两人共同与南京军区南京总医院生殖遗传中心签订了人工授精协议书，对黄某实施了人工授精，后黄某怀孕。在黄某怀孕期间，王某因病住院并得知自己患了癌症，遂向黄某表示不要这个孩子，但黄某不同意人工流产，坚持要生下孩子。鉴于此，王某在医院立下自书遗嘱，在遗嘱中声明他不要这个人工授精生下的孩子，并将其房产赠与其父母王父、王母。王某病故后不久黄某产下一子，取名王某杰。因为该子是郭某顺签字同意医院为其妻子即原告李某施行人工授精手术，该行为表明郭某顺具有通过人工授精方法获得其与李某共同子女的意思表示。所生子女均应视为夫妻双方的婚生子女。郭某顺在立遗嘱时，明知其妻子腹中的胎儿而没有在遗嘱中为胎儿保留必要的遗产份额，该部分遗嘱内容无效。王某生前所在单位发放的抚恤金是按规定发给死者家属的一种补偿费用，是对死者家属的抚慰和救济，并非死者的个人财产，不能作为遗产继承。遗嘱人以遗嘱处分了属于国家、集体或他人所有的财产，遗嘱的这部分，应认定无效。

法院其后作出一审判决：涉案房屋归原告黄某所有；房产评估作价后将王某所属份额财产由黄某于判决生效之日起 30 日内分别，平均给付给付王某杰（由王某杰的法定代理人黄某保管）、王父、王母三人。王某生前所在单位发放的抚恤金由黄某、王某杰、王父、王母四人按份平分。一审宣判后，双方当事人均未提出上诉。

我国公民处理继承问题的准则长期以来是 1985 年第六届全国人民代表大会第三次会议通过的《中华人民共和国继承法》。2020 年 5 月 28 日，十三届全国人大三次会议表决通过了《中华人民共和国民法典》，自 2021 年 1 月 1 日起施行。《中华人民共和国继承法》同时废止。民法典第六编为"继承"对继承法作了修改。这些修改主要体现在以下方面：

一是对遗产范围的界定做了规定

民法典改变了过去采取列举式的方式，而是采用概括式的方式。民法典第一千一百二十二条规定："遗产是自然人死亡时遗留的个人合法财产。依照法律规定或者根据其性质不得继承的遗产，不得继承"。这一做法体现了与时俱进的原则，因为，列举式的方式有一定局限性，这次明确了只要是自然人合法取得的财产，都属于遗产，可以被继承，最大限度地保障个人私有财产继承的需要。事实上，早在民法典草案之前，现在许多人将虚拟财产纳入遗产范畴。

二是继承人范围有所扩大

原有遗产顺序继承的原则没有变，第一顺序继承人为配偶、子女、父母；第二顺序继承人为兄弟姐妹、祖父母、外祖父母。继承开始后，由第一顺序继承人继承，第二顺序继承人不继承；没有第一顺序继承人继承的，由第二顺序继承人继承。这里所称父母，包括生父母、养父母和有扶养关系的继父母；所称兄弟姐妹，包括同父母的兄弟姐妹、同

父异母或者同母异父的兄弟姐妹、养兄弟姐妹、有扶养关系的继兄弟姐妹。第一千一百二十八条增加了代位继承的适用范围，规定："被继承人的兄弟姐妹先于被继承人死亡的，由被继承人的兄弟姐妹的子女代位继承。"在上面案例中，黄某、王某杰、王父、王母分别是被继承人的配偶、儿子、父母。都属于第一顺序继承人。

三是完善继承人丧失继承权的事由

民法典继承编把欺诈胁迫被继承人设立、变更或者撤回遗嘱，情节严重的，也作为丧失继承权的事由。

第一千一百二十五条继承人有下列行为之一的，丧失继承权：（一）故意杀害被继承人；（二）为争夺遗产而杀害其他继承人；（三）遗弃被继承人，或者虐待被继承人情节严重；（四）伪造、篡改、隐匿或者销毁遗嘱，情节严重；（五）以欺诈、胁迫手段迫使或者妨碍被继承人设立、变更或者撤回遗嘱，情节严重。继承人有前款第三项至第五项行为，确有悔改表现，被继承人表示宽恕或者事后在遗嘱中将其列为继承人的，该继承人不丧失继承权。受遗赠人有本条第一款规定行为的，丧失受遗赠权。

四是取消"公证遗嘱"优先效力，增加了遗嘱形式

首先是取消"公证遗嘱"优先效力。民法典实施前，法律规定自书、代书、录音、口头遗嘱等，均不得撤销、变更公证遗嘱。如果试图要更改公证遗嘱内容，只能再立下公证遗嘱才能。为尊重遗嘱人的真实意愿和保障遗嘱人的权利，避免给一些行动不便的老年人想要修改遗嘱时造成不便，民法典不再规定公证遗嘱效力优先；同时还规定立有数份遗嘱，内容相抵触的，以最后的遗嘱为准。民法典还规定，遗嘱应当为缺乏劳动能力又没有生活来源的继承人保留必要的遗产份额。《最高人民法院关于适用《中华人民共和国民法典》继承编的解释（一）》第二十五条，遗嘱人未保留缺乏劳动能力又没有生活来源的继承人的遗产份额，遗产处理时，应当为该继承人留下必要的遗产，所剩余的部分，才可参照遗嘱确定的分配原则处理。

过去的继承法只对自书遗嘱、口头遗嘱等作出了规定。随着科技发展，打印文字、视频录像已成为现代人表达意愿的主流方式。《民法典草案》适应时代发展，遗嘱的形式和效力更加灵活多样，确认了打印遗嘱、录像遗嘱的合法性，并对其具体形式做了规范："打印遗嘱应当有两个以上见证人在场见证。遗嘱人和见证人应当在遗嘱的每一页签名，注明年、月、日。""以录音录像形式立的遗嘱，应当有两个以上见证人在场见证。遗嘱人和见证人应当在录音录像中记录其姓名或者肖像，以及年、月、日。"

五是明确规定了遗产管理人制度

随着社会的发展，人们所拥有的财产种类和形式也日趋多样，为确保遗产得到妥善管理和顺利分割，更好地维护继承人、债权人利益，避免和减少纠纷，民法典用五个条文规定遗产管理人制度，包括遗产管理人的选任、遗产管理人的指定、遗产管理人的职责范围，以及遗产管理人没有尽职尽责造成损害的赔偿责任。

延伸阅读：

1. 最高人民法院关于适用《中华人民共和国民法典》继承编的解释（一）。

2.《民法典继承编草案：让继承制度更符合百姓需求》，新华网，2020-05-17。

相关法条：

《中华人民共和国民法典》

第六编　继承

第一章　一般规定

第一千一百一十九条　本编调整因继承产生的民事关系。

第一千一百二十条　国家保护自然人的继承权。

第一千一百二十一条　继承从被继承人死亡时开始。

相互有继承关系的数人在同一事件中死亡，难以确定死亡时间的，推定没有其他继承人的人先死亡。都有其他继承人，辈份不同的，推定长辈先死亡；辈份相同的，推定同时死亡，相互不发生继承。

第一千一百二十二条　遗产是自然人死亡时遗留的个人合法财产。

依照法律规定或者根据其性质不得继承的遗产，不得继承。

第一千一百二十三条　继承开始后，按照法定继承办理；有遗嘱的，按照遗嘱继承或者遗赠办理；有遗赠扶养协议的，按照协议办理。

第一千一百二十四条　继承开始后，继承人放弃继承的，应当在遗产处理前，以书面形式作出放弃继承的表示；没有表示的，视为接受继承。

受遗赠人应当在知道受遗赠后六十日内，作出接受或者放弃受遗赠的表示；到期没有表示的，视为放弃受遗赠。

第一千一百二十五条 继承人有下列行为之一的，丧失继承权：

（一）故意杀害被继承人；

（二）为争夺遗产而杀害其他继承人；

（三）遗弃被继承人，或者虐待被继承人情节严重；

（四）伪造、篡改、隐匿或者销毁遗嘱，情节严重；

（五）以欺诈、胁迫手段迫使或者妨碍被继承人设立、变更或者撤回遗嘱，情节严重。

继承人有前款第三项至第五项行为，确有悔改表现，被继承人表示宽恕或者事后在遗嘱中将其列为继承人的，该继承人不丧失继承权。

受遗赠人有本条第一款规定行为的，丧失受遗赠权。

第二章 法定继承

第一千一百二十六条 继承权男女平等。

第一千一百二十七条 遗产按照下列顺序继承：

（一）第一顺序：配偶、子女、父母；

（二）第二顺序：兄弟姐妹、祖父母、外祖父母。

继承开始后，由第一顺序继承人继承，第二顺序继承人不继承；没有第一顺序继承人继承的，由第二顺序继承人继承。

本编所称子女，包括婚生子女、非婚生子女、养子女和有扶养关系的继子女。

本编所称父母，包括生父母、养父母和有扶养关系的继父母。

本编所称兄弟姐妹，包括同父母的兄弟姐妹、同父异母或者同母异父的兄弟姐妹、养兄弟姐妹、有扶养关系的继兄弟姐妹。

第一千一百二十八条 被继承人的子女先于被继承人死亡的，由被继承人的子女的直系晚辈血亲代位继承。

被继承人的兄弟姐妹先于被继承人死亡的，由被继承人的兄弟姐妹的子女代位继承。

代位继承人一般只能继承被代位继承人有权继承的遗产份额。

第一千一百二十九条 丧偶儿媳对公婆，丧偶女婿对岳父母，尽了主要赡养义务的，作为第一顺序继承人。

第一千一百三十条 同一顺序继承人继承遗产的份额，一般应当均等。

对生活有特殊困难又缺乏劳动能力的继承人，分配遗产时，应当予以照顾。

对被继承人尽了主要扶养义务或者与被继承人共同生活的继承人，分配遗产时，可以多分。

有扶养能力和有扶养条件的继承人，不尽扶养义务的，分配遗产时，应当不分或者少分。

继承人协商同意的，也可以不均等。

第一千一百三十一条 对继承人以外的依靠被继承人扶养的人，或者继承人以外的对被继承人扶养较多的人，可以分给适当的遗产。

第一千一百三十二条 继承人应当本着互谅互让、和睦团结的精神，协商处理继承问题。遗产分割的时间、办法和份额，由继承人协商确定；协商不成的，可以由人民调解委员会调解或者向人民法院提起诉讼。

第三章 遗嘱继承和遗赠

第一千一百三十三条 自然人可以依照本法规定立遗嘱处分个人财产，并可以指定遗嘱执行人。

自然人可以立遗嘱将个人财产指定由法定继承人中的一人或者数人继承。

自然人可以立遗嘱将个人财产赠与国家、集体或者法定继承人以外的组织、个人。

自然人可以依法设立遗嘱信托。

第一千一百三十四条 自书遗嘱由遗嘱人亲笔书写，签名，注明年、月、日。

第一千一百三十五条 代书遗嘱应当有两个以上见证人在场见证，由其中一人代书，并由遗嘱人、代书人和其他见证人签名，注明年、月、日。

第一千一百三十六条 打印遗嘱应当有两个以上见证人在场见证。遗嘱人和见证人应当在遗嘱每一页签名，注明年、月、日。

第一千一百三十七条 以录音录像形式立的遗嘱，应当有两个以上见证人在场见证。遗嘱人和见证人应当在录音录像中记录其姓名或者肖像，以及年、月、日。

第一千一百三十八条 遗嘱人在危急情况下，可以立口头遗嘱。口头遗嘱应当有两个以上见证人在场见证。危急情况消除后，遗嘱人能够以书面或者录音录像形式立遗嘱的，所立的口头遗嘱无效。

第一千一百三十九条 公证遗嘱由遗嘱人经公证机构办理。

第一千一百四十条 下列人员不能作为遗嘱见证人：

（一）无民事行为能力人、限制民事行为能力人以及其他不具有见证能力的人；

（二）继承人、受遗赠人；

（三）与继承人、受遗赠人有利害关系的人。

第一千一百四十一条 遗嘱应当为缺乏劳动能力又没有生活来源的继承人保留必要的遗产份额。

第一千一百四十二条 遗嘱人可以撤回、变更自己所立的遗嘱。

立遗嘱后，遗嘱人实施与遗嘱内容相反的民事法律行为的，视为对遗嘱相关内容的撤回。

立有数份遗嘱，内容相抵触的，以最后的遗嘱为准。

第一千一百四十三条 无民事行为能力人或者限制民事行为能力人所立的遗嘱无效。

遗嘱必须表示遗嘱人的真实意思，受欺诈、胁迫所立的遗嘱无效。

伪造的遗嘱无效。

遗嘱被篡改的，篡改的内容无效。

第一千一百四十四条 遗嘱继承或者遗赠附有义务的，继承人或者受遗赠人应当履行义务。没有正当理由不履行义务的，经利害关系人或者有关组织请求，人民法院可以取消其接受附义务部分遗产的权利。

第四章 遗产的处理

第一千一百四十五条 继承开始后，遗嘱执行人为遗产管理人；没有遗嘱执行人的，继承人应当及时推选遗产管理人；继承人未推选的，由继承人共同担任遗产管理人；没有继承人或者继承人均放弃继承的，由被继承人生前住所地的民政部门或者村民委员会担任遗产管理人。

第一千一百四十六条 对遗产管理人的确定有争议的，利害关系人可以向人民法院申请指定遗产管理人。

第一千一百四十七条 遗产管理人应当履行下列职责：

（一）清理遗产并制作遗产清单；

（二）向继承人报告遗产情况；

（三）采取必要措施防止遗产毁损、灭失；

（四）处理被继承人的债权债务；

（五）按照遗嘱或者依照法律规定分割遗产；

（六）实施与管理遗产有关的其他必要行为。

第一千一百四十八条 遗产管理人应当依法履行职责，因故意或者重大过失造成继承人、受遗赠人、债权人损害的，应当承担民事责任。

第一千一百四十九条 遗产管理人可以依照法律规定或者按照约定获得报酬。

第一千一百五十条 继承开始后，知道被继承人死亡的继承人应当及时通知其他继承人和遗嘱执行人。继承人中无人知道被继承人死亡或者知道被继承人死亡而不能通知的，由被继承人生前所在单位或者住所地的居民委员会、村民委员会负责通知。

第一千一百五十一条 存有遗产的人，应当妥善保管遗产，任何组织或者个人不得侵吞或者争抢。

第一千一百五十二条 继承开始后，继承人于遗产分割前死亡，并没有放弃继承的，该继承人应当继承的遗产转给其继承人，但是遗嘱另有安排的除外。

第一千一百五十三条 夫妻共同所有的财产，除有约定的外，遗产分割时，应当先将共同所有的财产的一半分出为配偶所有，其余的为被继承人的遗产。

遗产在家庭共有财产之中的，遗产分割时，应当先分出他人的财产。

第一千一百五十四条 有下列情形之一的，遗产中的有关部分按照法定继承办理：

（一）遗嘱继承人放弃继承或者受遗赠人放弃受遗赠；

（二）遗嘱继承人丧失继承权或者受遗赠人丧失受遗赠权；

（三）遗嘱继承人、受遗赠人先于遗嘱人死亡或者终止；

（四）遗嘱无效部分所涉及的遗产；

（五）遗嘱未处分的遗产。

第一千一百五十五条　遗产分割时，应当保留胎儿的继承份额。胎儿娩出时是死体的，保留的份额按照法定继承办理。

第一千一百五十六条　遗产分割应当有利于生产和生活需要，不损害遗产的效用。

不宜分割的遗产，可以采取折价、适当补偿或者共有等方法处理。

第一千一百五十七条　夫妻一方死亡后另一方再婚的，有权处分所继承的财产，任何组织或者个人不得干涉。

第一千一百五十八条　自然人可以与继承人以外的组织或者个人签订遗赠扶养协议。按照协议，该组织或者个人承担该自然人生养死葬的义务，享有受遗赠的权利。

第一千一百五十九条　分割遗产，应当清偿被继承人依法应当缴纳的税款和债务；但是，应当为缺乏劳动能力又没有生活来源的继承人保留必要的遗产。

第一千一百六十条　无人继承又无人受遗赠的遗产，归国家所有，用于公益事业；死者生前是集体所有制组织成员的，归所在集体所有制组织所有。

第一千一百六十一条　继承人以所得遗产实际价值为限清偿被继承人依法应当缴纳的税款和债务。超过遗产实际价值部分，继承人自愿偿还的不在此限。

继承人放弃继承的，对被继承人依法应当缴纳的税款和债务可以不负清偿责任。

第一千一百六十二条　执行遗赠不得妨碍清偿遗赠人依法

应当缴纳的税款和债务。

第一千一百六十三条 既有法定继承又有遗嘱继承、遗赠的，由法定继承人清偿被继承人依法应当缴纳的税款和债务；超过法定继承遗产实际价值部分，由遗嘱继承人和受遗赠人按比例以所得遗产清偿。

权利救济篇

　　退役军人的正当权利受到损害后，可以根据不同情况采取适当的救济措施。本篇有针对性地提出了权利救济的不同途径及其需要注意的几个问题。

一、侵害与谅解——退役军人受到侵害后处理

案例：

2019 年 6 月 9 日 22 时 30 分许，周某某在河北省 XX 市火车站售票厅 7 号窗口排队改签车票，排到周某某办理业务时，退役军人张某某将其车票和证件放进售票窗口，周某某将张某某的证件和车票拿出，随后张某某出示其退役军人优待证表明其退役军人身份，两人发生争执。最终双方达成和解。2019 年 9 月 24 日，石家庄铁路运输检察院认为，周某某实施了《中华人民共和国刑法》第二百三十四条第一款规定的行为，构成故意伤害罪，但系初犯、偶犯，案后自愿认罪认罚并真诚悔罪，取得被害人的谅解，犯罪情节轻微，根据《中华人民共和国刑法》第三十七条的规定，不需要判处刑罚。依据《中华人民共和国刑事诉讼法》第一百七十七条第二款、第二百九十条之规定，决定对周某某不起诉。

解析：

退役军人的优待，是根据中央和地方制定的法律法规和规章许可的范围内进行的。退役军人享受优待，本身是社会对军人职业尊崇的表现。任何破坏军人享受优待的举动，都应该受到社会的谴责和法律的制裁。此案发生的背景：2018 年 4 月，退役军人事务部成立后，着手推动退役军人优待工作，出台了一系列的政

策和法律法规。地方退役军人事务部门也根据中央精神出台了符合地方特色退役军人优待的规章办法等。

2018 年 12 月，河北省委办公厅、省政府办公厅印发《河北省退役军人公共服务优待办法（试行）》（以下简称《优待办法》），并发出通知，要求各地各部门认真遵照执行。通知指出，《优待办法》是全面贯彻落实党的十九大和习近平总书记有关做好退役军人工作批示指示精神的具体举措，是省委、省政府推进退役军人管理服务工作的重大决策部署。全省各级党委、政府和各部门要切实提高政治站位，增强"四个意识"，把落实好《优待办法》摆上重要位置，科学谋划，精心组织，为《优待办法》顺利实施提供坚强保证。开展形式多样的宣传，让全社会知晓退役军人优先优待的政策规定，在全社会营造优待、尊崇退役军人的良好氛围。各部门要统筹做好本行业本系统公共服务领域和场所优先优待标识设置，督导落实优先优待工作，切实解决好"最后一公里"问题。

法律名言

　　法律规定的惩罚不是为了私人的利益，而是为了公共的利益；一部分靠有害的强制，一部分靠榜样的效力。

——〔荷〕格劳秀斯

　　法律就是秩序，有好的法律才有好的秩序。

——〔古希腊〕亚里士多德

《优待办法》规定：退役军人凭河北省退役军人工作主管部门制发的《河北省退役军人优待证》（以下简称《优待证》）在河北省行政区域内的公共服务机构和场所享受优先或优惠待遇。可在全省行政区域内的铁路、公路、航空、港口、金融、公园、风景名胜区、旅游风景区、博物馆、纪念馆、开放的文物保护单位、市民服务中心等公共服务机构和场所享受优先服务。可在全省行政区域内的地方医疗服务机构享有优先挂号等服务。医疗机构应当设置退役军人优先标识。要在本省行政区域内游览政府投资兴办的公园、风景名胜区、旅游风景区、博物馆、纪念馆、开放的文物保护单位等场所，凭《优待证》免门票费。鼓励民营旅游景区、博物馆、纪念馆等场所对退役军人实行优先优惠。凭《优待证》优先办理民政服务事项。入住公办养老机构的，同等条件应当优先收养或入住。对符合条件的孤老退役军人，按照本人自愿原则安排入住光荣院、敬老院等养老机构。河北全省各地迅速行动，落实退役军人的优待政策。

2020年1月，为深入贯彻落实习近平总书记关于退役军人工作重要论述精神，着眼长远建立优待工作体系，努力让优抚对象受到全社会尊重、让军人成为全社会尊崇的职业，退役军人事务部在充分研究论证、广泛征求意见、对标相关政策、反复修改评估的基础上，经中央领导同志同意，与中宣部、国家发展改革委等20个部门联合印发《关于加强军人军属、退役军人和其他优抚对象优待工作的意见》（以下简称《意见》）。《意见》以习近平新时代中国特色社会主义思想为指导，着眼长远建立优待工作体系，明确坚持现役与退役衔接、优待与贡献匹配、关爱与管理结合、当前与长远统筹等4项原则，构建社会优待的体系框架，涵盖荣誉激励、生活、养老、医疗、住房、教育、文化交通、其他优待共8个方面，健全管理机制，建立《优待证》制度，逐步为退役军人统一制发《优待证》，作为享受相应优待的有效证件。优待目录清单将随着国家经济社会发展、国防和军队建设需要以及优待工作不断创新，适时调整更新。完善奖惩措施，对优抚对象做出新的突出贡献受到表彰的，给予表彰和奖励；对优抚对象依法被刑事处罚或受到治安管理处罚等多种情形的，取消其享受优待资格，收回相应优待证件。《意见》的出台，为今后一个时

期的优待工作提供了重要遵循，对于努力提升优抚对象社会尊重度、推动让军人成为全社会尊崇的职业具有重要意义。

此案正是在这种背景下发生的。退役军人享受优待有法可依，是合法的行为，应该受到法律的保护。而行为人对退役军人享受合法权利进行加害，不但违反关于优待军人的文件精神，也触犯了法律，应该受到法律的制裁，检察机关由此启动司法程序。但行为人系初犯、偶犯，案后自愿认罪认罚并真诚悔罪，取得被害人的谅解，犯罪情节轻微，检察机关根据《中华人民共和国刑事诉讼法》第一百七十七条第二款、第二百九十条之规定，决定对周某某不起诉。

关于受害人谅解问题。2011年1月，最高人民检察院发布了《关于办理当事人达成和解的轻微刑事案件的若干意见》，对刑事和解制度做了详细规定，主要适用的是可能判处三年以下有期徒刑的轻微刑事案件。2018年修正后的《中华人民共和国刑事诉讼法》（以下简称《刑事诉讼法》）吸收了刑事和解制度。《刑事诉讼法》第二百八十八条规定，刑事和解的适用范围是："（一）因民间纠纷引起，涉嫌刑法分则第四章、第五章规定的犯罪案件，可能判处三年有期徒刑以下刑罚的；（二）除渎职犯罪以外的可能判处七年有期徒刑以下刑罚的过失犯罪案件。"

对于适用刑事和解的案件，当事人双方可以就赔偿损失、恢复原状、赔礼道歉、精神抚慰等民事责任事项进行和解，并且可以就被害人及其法定代理人或者近亲属是否要求或者同意公安、司法机关对犯罪嫌疑人、被告人依法从宽处理达成一致，但不得对案件的事实认定、证据和法律适用、定罪量刑等依法属于公安、司法机关职权范围的事宜进行协商。

将取得被害人或其家属谅解作为从宽量刑情节，具有如下积极意义：一是有利于保护被害人的合法权利，有助于引导施害人认罪悔罪，并采取赔礼道歉、足额赔偿损失、提供生活帮助等积极行为，去争取获得被害人的谅解，这将使受害人的物质权利得到有效的保护，心理创伤得到一定的修复。同时，赋予被害人陈述谅解意见及量刑意见的机会，也有助于保障其行使参与权、陈述权、请求权等诉讼权利。二是有利于被告人重新融入社会。被告人以认罪、赔偿、道歉等形式与被害人达成谅解，可以体现其真诚悔罪的良好态度，消减其犯罪行为给周围及社区带来的不良影响，促进其重新融入社会。

人民检察院对于达成谅解的法律规定的轻微刑事案件，一般可以决定不起诉；对于依法必须提起公诉的，可以向人民法院提出在法定幅度范围内从宽处理的量刑建议。对被不起诉人需要给予行政处罚、行政处分或者需要没收其违法所得的，应当提出检察意见，移送有关主管机关处理。

另外，也有一些案件不适用刑事和解，如：严重侵害国家、社会公共利益，严重危害公共安全或者危害社会公共秩序的犯罪案件；国家工作人员职务犯罪案件；侵害不特定多数人合法权益的犯罪案件。

延伸阅读：

【央视新闻联播】退役军人事务部 退役军人和其他优抚对象优待证申领发放工作启动，央视影音，2021 年 12 月 14 日。

相关法条：

1.《中华人民共和国刑法》（2020 年修正）

第三十七条　对于犯罪情节轻微不需要判处刑罚的，可以免予刑事处罚，但是可以根据案件的不同情况，予以训诫或者责令具结悔过、赔礼道歉、赔偿损失，或者由主管部门予以行政处罚或者行政处分。

第二百三十四条　故意伤害他人身体的，处三年以下有期徒刑、拘役或者管制。

犯前款罪，致人重伤的，处三年以上十年以下有期徒刑；致人死亡或者以特别残忍手段致人重伤造成严重残疾的，处十年以上有期徒刑、无期徒刑或者死刑。本法另有规定的，依照规定。

2.《中华人民共和国刑事诉讼法》（2018年修正）

第一百七十七条 犯罪嫌疑人没有犯罪事实，或者有本法第十六条规定的情形之一的，人民检察院应当作出不起诉决定。

对于犯罪情节轻微，依照刑法规定不需要判处刑罚或者免除刑罚的，人民检察院可以作出不起诉决定。

人民检察院决定不起诉的案件，应当同时对侦查中查封、扣押、冻结的财物解除查封、扣押、冻结。对被不起诉人需要给予行政处罚、处分或者需要没收其违法所得的，人民检察院应当提出检察意见，移送有关主管机关处理。有关主管机关应当将处理结果及时通知人民检察院。

第二百九十条 对于达成和解协议的案件，公安机关可以向人民检察院提出从宽处理的建议。人民检察院可以向人民法院提出从宽处罚的建议；对于犯罪情节轻微，不需要判处刑罚的，可以作出不起诉的决定。人民法院可以依法对被告人从宽处罚。

二、政策问题能够进行诉讼吗

案例一：

2016 年，当事人张某某、刘某某作为退役军人，对湖南 XX 县民政局按政策落实就业安置问题不满，提起行政诉讼。经一审法院审查，张某某、刘某某的诉讼请求属于涉及政府或政府职能部门落实的政策性问题，根据《中华人民共和国行政诉讼法》第六条"人民法院审理行政案件，对行政行为是否合法进行审查"的规定，对于涉及政策性的问题，不属于人民法院合法性审查范围的事项，不属于人民法院主管范围。2016 年 3 月 10 日，人民法院裁定，对其起诉不予立案。

当事人张某某、刘某某不服裁定，向湖南省 XX 市中级人民法院提起上诉，称：其起诉属于原审法院的受案范围和管辖范围，原审裁定不予立案没有法理依据，是错误的；请求撤销原审裁定，予以立案，按原起诉状上的诉讼请求公平公正审理本案，判决被上诉人 XX 县民政局履行退役军人安置职责。

二审法院经审查认为，原审裁定认定事实清楚，适用法律正确，处理恰当，依法应予维持。上诉人张某某、刘某某的上诉理由经查不能成立，上诉请求不予支持。2016 年 4 月 25 日，湖南省 XX 市中级人民法院对上诉作出裁定，裁定结果如下：驳回上诉，维持原裁定。

案例二：

王某某是军转干部，其转业安置后 200X 年服从原单位工作安排协议解除劳动关系，致使失业后生活困难。按照其所在省人民政府军队转业干部安置工作小组办公室《关于解决"协解"军转干部生活困难的通知》，根据国家有关规定决定将 XX 省已与企业协议解除劳动合同的军转干部纳入解决生活困难工作范围。但原单位拖延上报，致使其生活困难无法解决。遂向人民法院提起行政诉讼。一审判决后王某某不服，提起上诉。二审均裁定驳回，王某某遂向最高人民法院申请撤销一审判决和二审裁定，依法改判或发回重审。最高人民法院经审查认为，王某某请求享受生活困难补助，涉及落实军转干部、退役军人安置待遇等历史遗留问题，其应当按照国家就军转干部、退役军人制定的政策来处理。王某某的起诉不属于人民法院主管范围，二审裁定驳回王某某的起诉，并无错误。王某某据此主张应再审，难以成立。王某某的再审申请不符合《中华人民共和国行政诉讼法》第九十一条规定的情形。依照《最高人民法院关于适用〈中华人民共和国行政诉讼法〉的解释》第一百一十六条第二款之规定，最高人民法院作出裁定如下：驳回王某某的再审申请。

解析：

国家为退役军人制定了许多优惠政策，让退役军人感受到了来自党和国家的温暖。但受各种因素的干扰，致使一些退役军人无法正常享受这些优惠政策，正确的做法是主动向有关负责部门和纪检监察部门反映。一般来说，法律是穷尽所有解决办法之后最后的解决途径，但不是最便捷且能够最终解决问题的途径。因为政策问题往往不在行政诉讼和民事诉讼的范围内，人民法院也不予立案。

这是因为法律和政策是不同的。政策是国家为实现一定的政治、经济、文化等目标任务而确定的行动指导原则与准则。通过制定政策，以确定行动的目的、方针和措施。法律是由一定的物质生活条件所决定的，是由国家制定或认可并由国家强制力保证实施的具有普遍效力的行为规范体系，其目的在于维护、巩固和发展一定的社会关系和社会秩序。政策与法律作为两种不同的社会政治现象，虽然存在着密切的联系，但在制定主体和程序、表现形式、调整和适用范围，以及稳定性等方面，都有各自的特点。它们的区别表现在以下几个方面：

一是意志属性不同。法律是由国家机关依照法定职权和法定程序加以制定的。它是国家意志和公共意志，是全体公民的契约性文件。而政策有所不同，党的政策是党的领导机关依党章规定的程序制定的，是全党意志的集中体现。

二是规范形式不同。法律必须具有高度的明确性，每一部法典或单行法律和法规，都必须以规则为主，而不能仅限于原则性的规定，否则就难以对权利义务关系加以有效的调整。而政策则不同，有些政策文件主要或完全由原则性规定组成，只规定行为方向而不规定具体的行为规则。

三是实施方式不同。法律具有鲜明的强制性和惩罚性，它依靠其强制力使人们普遍遵从。政策不一定都以强制力为后盾，政党的政策主要靠宣传教育、劝导，靠人民对政策的信任、支持而贯彻执行。虽然国家的政策具有一定的强制力，但这种强制力较弱，政府对违反政策的人只能通过行政手段予以处分。

四是稳定程度不同。法律一般是对试行和检验为正确的政策定型化，具有较强的稳定性。政策则要适应社会发展的需要，及时解决新出现的社会现象和社会问题。相对于法律而言，政策灵活多变，稳定性不强。

法律名言

法立于上则俗成于下。

——（北宋）苏辙

法律是人民意志的自由而庄严的表现。

——〔法〕罗伯斯庇尔

政策和法律都是国家进行社会管理的工具和手段，但是二者的适用范围并不完全相同，只在自己所调整的社会关系领域内发生作用。政策比法律调整的社会关系更加广泛，社会生活的各个方面都受政策的调整和规范，许多问题只能适用政策调整，而不能用法律进行硬性约束。

政策问题的解决，一般采用行政的方式进行。《中华人民共和国退役军人保障法》（以下简称《退役军人保障法》）明确规定了在退役军人安置过程中出现不同问题及专门的处理机关：一是退役军人移交接收过程中，发生与其服现役有关的问题，由原所在部队负责处理；二是发生与其安置有关的问题，由安置地人民政府负责处理；三是发生其他移交接收方面问题的，由安置地人民政府负责处理，原所在部队予以配合。四是退役军人原所在部

聚焦《中华人民共和国退役军人保障法》施行一周年
正午国防军事　盘点2021关于退役军人的暖心实事

队撤销或者转隶、合并的，由原所在部队的上级单位或者转隶、合并后的单位按照前款规定处理。

《退役军人保障法》还规定了有下列行为之一的处分办法：未按照规定确定退役军人安置待遇的；在退役军人安置工作中出具虚假文件的；为不符合条件的人员发放退役军人优待证的；挪用、截留、私分退役军人保障工作经费的；违反规定确定抚恤优待对象、标准、数额或者给予退役军人相关待遇的；在退役军人保障工作中利用职务之便为自己或者他人谋取私利的；在退役军人保障工作中失职渎职的；有其他违反法律法规行为的。一是退役军人工作主管部门及其工作人员在退役军人安置中违犯法律法规的，由其上级主管部门责令改正，对直接负责的主管人员和其他直接责任人员依法给予处分。二是其他负责退役军人有关工作的部门及其工作人员违反退役军人安置有关规定的，由其上级主管部门责令改正，对

直接负责的主管人员和其他直接责任人员依法给予处分。三是违反退役军人安置规定，拒绝或者无故拖延执行退役军人安置任务的，由安置地人民政府退役军人工作主管部门责令限期改正；逾期不改正的，予以通报批评。对该单位主要负责人和直接责任人员，由有关部门依法给予处分。

延伸阅读：

1. 《2021年退役军人工作系列报道之一：法律政策落实扎实推进》，退役军人事务部，时间：2022-01-01，网址链接：https://www.mva.gov.cn/xinwen/xwfb/202201/t20220104_54930.html。

2. 《暖心保障政策不断出台——2021年退役军人工作亮点扫描》，来源：中国军网—解放军报，2021-12-27，网址链接：http://www.81.cn/lb/2021-12/27/content_10118308.htm。

相关法条：

《中华人民共和国行政诉讼法》（2017年修正）

第十三条　人民法院不受理公民、法人或者其他组织对下列事项提起的诉讼：

（一）国防、外交等国家行为；

（二）行政法规、规章或者行政机关制定、发布的具有普遍约束力的决定、命令；

（三）行政机关对行政机关工作人员的奖惩、任免等决定；

（四）法律规定由行政机关最终裁决的行政行为。

《最高人民法院关于适用〈中华人民共和国行政诉讼法〉的解释》（法释〔2018〕1号）

第一条　公民、法人或者其他组织对行政机关及其工作人员的行政行为不服，依法提起诉讼的，属于人民法院行政诉讼的受案范围。

下列行为不属于人民法院行政诉讼的受案范围：

（一）公安、国家安全等机关依照刑事诉讼法的明确授权实施的行为；

（二）调解行为以及法律规定的仲裁行为；

（三）行政指导行为；

（四）驳回当事人对行政行为提起申诉的重复处理行为；

（五）行政机关作出的不产生外部法律效力的行为；

（六）行政机关为作出行政行为而实施的准备、论证、研究、层报、咨询等过程性行为；

（七）行政机关根据人民法院的生效裁判、协助执行通知书作出的执行行为，但行政机关扩大执行范围或者采取违法方式实施的除外；

（八）上级行政机关基于内部层级监督关系对下级行政机关作出的听取报告、执法检查、督促履责等行为；

（九）行政机关针对信访事项作出的登记、受理、交办、转送、复查、复核意见等行为；

（十）对公民、法人或者其他组织权利义务不产生实际影响的行为。

《中华人民共和国退役军人保障法》

（2020年11月11日第十三届全国人民代表大会常务委员会第二十三次会议通过）

第十九条　退役军人移交接收过程中，发生与其服现役有关的问题，由原所在部队负责处理；发生与其安置有关的问题，由安置地人民政府负责处理；发生其他移交接收方面问题的，由安置地人民政府负责处理，原所在部队予以配合。

退役军人原所在部队撤销或者转隶、合并的，由原所在部队的上级单位或者转隶、合并后的单位按照前款规定处理。

第七十条　县级以上人民政府退役军人工作主管部门应当建立健全退役军人权益保障机制，畅通诉求表达渠道，为退役军人维护其合法权益提供支持和帮助。退役军人的合法权益受到侵害，应当依法解决。公共法律服务有关机构应当依法为退役军人提供法律援助等必要的帮助。

第七十一条　县级以上人民政府退役军人工作主管部门应当依法指导、督促有关部门和单位做好退役安置、教育培训、就业创业、抚恤优待、褒扬激励、拥军优属等工作，监督检查退役军人保障相关法律法规和政策措施落实情况，推进解决退役军人保障工作中存在的问题。

第七十二条　国家实行退役军人保障工作责任制和考核评价制度。县级以上人民政府应当将退役军人保障工作完成情况，纳入对本级人民政府负责退役军人有关工作的部门及其负责人、下级人民政府及其负责人的考核评价内容。

对退役军人保障政策落实不到位、工作推进不力的地区和单位，由省级以上人民政府退役军人工作主管部门会同有关部门约谈该地区人民政府主要负责人或者该单位主要负责人。

第七十三条　退役军人工作主管部门及其工作人员履行职

责，应当自觉接受社会监督。

第七十四条　对退役军人保障工作中违反本法行为的检举、控告，有关机关和部门应当依法及时处理，并将处理结果告知检举人、控告人。

第七十五条　退役军人工作主管部门及其工作人员有下列行为之一的，由其上级主管部门责令改正，对直接负责的主管人员和其他直接责任人员依法给予处分：

（一）未按照规定确定退役军人安置待遇的；

（二）在退役军人安置工作中出具虚假文件的；

（三）为不符合条件的人员发放退役军人优待证的；

（四）挪用、截留、私分退役军人保障工作经费的；

（五）违反规定确定抚恤优待对象、标准、数额或者给予退役军人相关待遇的；

（六）在退役军人保障工作中利用职务之便为自己或者他人谋取私利的；

（七）在退役军人保障工作中失职渎职的；

（八）有其他违反法律法规行为的。

第七十六条　其他负责退役军人有关工作的部门及其工作人员违反本法有关规定的，由其上级主管部门责令改正，对直接负责的主管人员和其他直接责任人员依法给予处分。

第七十七条　违反本法规定，拒绝或者无故拖延执行退役军人安置任务的，由安置地人民政府退役军人工作主管部门责令限期改正；逾期不改正的，予以通报批评。对该单位主要负责人和直接责任人员，由有关部门依法给予处分。

三、民事争议问题的受案范围

案例：

2019 年 6 月 24 日，宋某某在 XX 市劳动局调取本人档案时，发现档案中存有一份（2004）东证民字第 1167 号《公证书》，公证了与 XX 市退伍军人安置办公室签订《退役士兵自谋职业协议书》一事。事实上，其从未与 XX 市退伍军人安置办公室签订《退役士兵自谋职业协议书》，也没有在 2004 年 7 月 23 日到过 XX 市公证处办理过相关公证事宜。宋某某认为该《公证书》所公证的虚假事实，侵犯了其合法权益。根据公证程序规则第六十一条之规定，宋某某于 2019 年 6 月 25 日，向 XX 市公证处提出了对该《公证书》的复查申请，XX 市公证处于 2019 年 6 月 27 日，对其做出了"对你提出复查申请的公证书不能进行复查"的答复意见。宋某某认为，《退役士兵自谋职业协议书》系由被告伪造，其已严重侵害了原告的合法权益。依据《中华人民共和国公证法》第四十条"当事人、公证事项的利害关系人对公证书的内容有争议的，可以就该争议向人民法院提起民事诉讼"之规定，特向人民法院提起诉讼。要求确认 XX 市退伍军人安置办公室与以原告名义签订的《退役士兵自谋职业协议书》无效。

2020 年 1 月 8 日，人民法院立案，并依法进行了审理。法院经审查认为，根据《中华人民共和国兵役法》及《退役士兵安置条例》等法律法规的规定，退役军人安置工作是退役军人和国家建立有权利义务内容的安置与被安置关系，其关系主体是纵向的不平等的主体，行政机关安置退役军人工作系履行政府法定职责，属于具体行政行为，因此所产生的安置协议的效力问题不属于人民法院受理民事诉讼的范围。而公证行为并非是安置协议生效的要件，即是否公证不影响安置协议的效力问题。原告要求确认其与被告（原 XX 市退伍军人安置办公室）安置协议无效的诉讼请求不属于人民法院受理民事诉讼的范围，应驳回原告的起诉。至于涉案公证问题是否属于《中华人民共和国公证法》以及《最高人民法院关于审理涉及公证活动相关民事案件的若干规定》中规定的人民法院民事案件审理的范围，不影响本案的处理结果。人民法院裁判驳回原告宋某某的起诉。

解析：

近年来，尤其是退役军人事务部成立以来，国家层面围绕退役军人安置出台了一些法规政策。但由于部分规定比较原则，政策效果没有充分释放，有的地方在具体工作中存在程序不严谨、服务不到位的问题，需要通过规范行政行为、改进服务方式来解决，而且由于历史原因，退役军人安置遗留了一些问题，损害了部分退役军人的合法权益。维护这些合法权益，各级政府和部门有不容推卸的责任和义务。

在现实中，许多人往往把民事诉讼的范围与行政诉讼的问题混为一谈。如根据《中华人民共和国兵役法》及《退役士兵安置条例》等法律法规的规定，退役军人安置工作是退役军人和国家

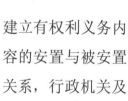

建立有权利义务内容的安置与被安置关系，行政机关及有关部门安置退役军人工作系履行政府法定职责，属于

具体行政行为，对这种行政行为起诉不属于人民法院受理民事诉讼的范围。

根据《中华人民共和国民事诉讼法》（2017 修正）第三条的规定，人民法院受理公民之间、法人之间、其他组织之间以及他们相互之间因财产关系和人身关系提起的民事诉讼，适用本法的规定。我国法院主管的民事案件主要有以下几类：

第一，民事案件。具体包括：一是物权关系、债权关系、知识产权关系、人身关系引起的诉讼；二是由婚姻法、继承法、收养法调整的婚姻家庭关系、继承关系、收养关系引起的诉讼；三是由经济法调整的经济关系中属于民事性质的诉讼。

第二，商事案件。是指商法调整的商事关系引起的诉讼，如票据案件、股东权益纠纷案件等。

第三，劳动争议案件。指在订立、履行、解除劳动合同的过程中，劳动者和用人单位之间可能会发生的劳动争议。

第四，法律规定法院适用民事诉讼法审理的非讼案件。主要包括三种情形：一是适用特别程序审理的案件，包括民诉法规定的宣告失踪和宣告死亡案件，认定公民无民事行为能力或限制行为能力案件，认定财产无主案件；二是适用督促程序审理的案件；三是适用公示催告程序审理的案件。

本案诉讼的是安置协议的效力问题。因为退役军人安置工作是退役军人和国家建立有权利义务内容的安置与被安置关系，其关系主体是纵向的不平等的主体，行政机关安置退役军人工作系履行政府法定职责，属于具体行政行为，因此所产生的安置协议的效力问题不属于人民法院受理民事诉讼的范围。因此，人民法院裁定予以驳回。

相关法条：

《中华人民共和国民事诉讼法》（2017 年修正）

第三条　人民法院受理公民之间、法人之间、其他组织之间以及他们相互之间因财产关系和人身关系提起的民事诉讼，适用本法的规定。

第一百一十九条　起诉必须符合下列条件：

（一）原告是与本案有直接利害关系的公民、法人和其他组织；

（二）有明确的被告；

（三）有具体的诉讼请求和事实、理由；

（四）属于人民法院受理民事诉讼的范围和受诉人民法院管辖。

第一百二十四条　人民法院对下列起诉，分别情形，予以处理：

（一）依照行政诉讼法的规定，属于行政诉讼受案范围的，告知原告提起行政诉讼；

（二）依照法律规定，双方当事人达成书面仲裁协议申请仲裁、不得向人民法院起诉的，告知原告向仲裁机构申请仲裁；

（三）依照法律规定，应当由其他机关处理的争议，告知原告向有关机关申请解决；

（四）对不属于本院管辖的案件，告知原告向有管辖权的人民法院起诉；

（五）对判决、裁定、调解书已经发生法律效力的案件，当事人又起诉的，告知原告申请再审，但人民法院准许撤诉的裁定除外；

（六）依照法律规定，在一定期限内不得起诉的案件，在不得起诉的期限内起诉的，不予受理；

（七）判决不准离婚和调解和好的离婚案件，判决、调解维持收养关系的案件，没有新情况、新理由，原告在六个月内又起诉的，不予受理。

《最高人民法院关于适用〈中华人民共和国民事诉讼法〉的解释》（法释〔2020〕20 号）

第二百零八条　人民法院接到当事人提交的民事起诉状时，对符合民事诉讼法第一百一十九条的规定，且不属于第一百二十四条规定情形的，应当登记立案；对当场不能判定是否符合起诉条件的，应当接收起诉材料，并出具注明收到日期的书面凭证。

需要补充必要相关材料的，人民法院应当及时告知当事人。在补齐相关材料后，应当在七日内决定是否立案。

立案后发现不符合起诉条件或者属于民事诉讼法第一百二十四条规定情形的，裁定驳回起诉。

四、穷尽程序，执着维权

案例：

1997 年，李某退伍。1998 年 9 月，李某由 XX 市复员退伍军人安置领导小组办公室分配到原 XX 市邮电局（中国 XX 通信有限公司 XX 公司前身，以下简称 XX 通信公司），XX 通信公司接收了其档案，以安置人数超出省级计划指标为由，未对李某与其他退伍军人同样安置，亦未与其签订劳动合同，一直让其以临时工身份上岗工作并为其发放工资。期间李某曾多次要求享受"正式"职工待遇未果。

2007 年 5 月 23 日，李某在 XX 市劳动仲裁委员会申请仲裁，XX 市劳动仲裁委员会于 2008 年 3 月 24 日作出仲裁裁决，裁令原告与被告签订无固定期限劳动合同，并裁决原告以本公司职工王某的工资标准为被告补发 1998 年 10 月至 2008 年 3 月的工资差额，比照原告公司其他员工的标准为被告补交养老、医疗和失业保险。

2008 年 4 月 3 日，XX 通信公司不服仲裁裁决向 XX 市 XX 区人民法院提起诉讼称，被告李某虽系退伍兵并在原告单位工作多年，但并非通过合法军转安置程序而来，被告在原告单位工作期间，根据能力大小和工作需要，被分配到相应的工作岗位，工资从未拖欠或克扣。此仲裁裁决缺乏事实和法律依据，实属错误。请求人民法院依法判决原告不承担与被告签订无固定期限劳动合同的责任，不承担为被告补发工资的法律责任，不承担以公司其他员工的标准为被告补交养老、医疗和失业保险的责任。XX 区人民法院认为，本案系因退伍军人安置引起的纠纷，不属于劳动争议，故不属于人民法院受理民事案件的范围。XX 市 XX 区人民法院于 2008 年 12 月 22 日作出民事判决，裁判驳回原告 XX 通信公司的起诉。

XX 通信公司不服原判提起上诉。2009 年 1 月 5 日，XX 市中级人民法院受理此案。2009 年 3 月 13 日，XX 市中级人民法院公开开庭审理了此案，认为：原审认定事实不清，适用法律错误。2009 年 6 月 5 日，裁定撤销 XX 市 XX 区人民法院民事判决，发回重审。

XX 市 XX 区人民法院依法组成合议庭进行了审理。XX 区人民法院认为，本案系因退伍军人安置引起的纠纷，不属于劳动争议，故不属于人民法院受理民事案件的范围。2009 年 12 月 24 日，XX 市 XX 区人民法院裁定驳回 XX 通信公司的起诉。

李某不服，向 XX 市中级人民法院提起上诉。法院受理后，依法组成合议庭，公开开庭审理了本案。法院认为本案系因退伍军人安置引起的纠纷，不是在履行劳动合同问题中引发的纠纷，不属于劳动争议，根据《国务院关于进一步做好城镇退役士兵安置工作的通知》（国发〔2005〕23 号）规定的地方各级人民政府要在规定时限内积极落实好退役士兵的安置工作的精神，本案上诉人与被上诉人的纠纷不属于人民法院受理民事案件的范围。故上诉人李某的上诉理由不能成立，本院不予支持。原审认定事实清楚，处理正确。2010 年 3 月 3 日，裁定驳回上诉，维持原裁定。本裁定为终审裁定。

李某不服裁定申诉至 XX 省高级人民法院，XX 省高级人民法院于 2010 年 9 月 16 日作出裁定，指令 XX 市中级人民法院对案件进行再审。

XX 市中级人民法院于 2011 年 4 月 6 号作出裁定，维持 2010 年 3 月的裁定。

裁定生效后，李某不服再次申诉至 XX 省高级人民法院，XX 省高级人民法院于 2012 年 5 月 18 日作出再审的民事裁定，指令 XX 市 XX 区人民法院进行审理。

XX 市 XX 区人民法院于 2012 年 10 月 19 日作出民事判决。

XX 通信公司不服，上诉至 XX 市中级人民法院，XX 市中级人民法院于 2013 年 10 月 22 日终审裁定，撤销 XX 市 XX 区人民法院的一审民事判决，将案件发回重审。

2014 年 4 月 14 日，XX 市 XX 区人民法院依法另行组成合议庭，公开开庭进行了审理。同年 6 月 24 日，XX 市 XX 区人民法院作出民事判决，判决如下：驳回原告 XX 通信公司的诉讼请求；原告 XX 通信公司于本判决生效后 30 日内与被告李某签订无固定期限劳动合同；原告 XX 通信公司于本判决生效后 30 日内，为被告李某足额补缴养老保险金、医疗保险金和失业保险金，个人应承担的部分由被告李某承担（按劳动部门登记拖欠的时间补交）。

XX 通信公司不服向 XX 市中级人民法院提起上诉，XX 市中级人民法院于 2014 年 8 月 4 日立案受理后，XX 通信公司于 2014 年

8 月 16 日向法院提出撤回上诉的申请。法院经审查认为，上诉人 XX 通信公司撤回上诉的申请，符合法律规定，裁定准许上诉人 XX 通信公司撤回上诉。

至此，这起长达 7 年的法律诉讼终于画上一个圆满的句号。

解析：

程序问题至关重要。仅有完善的法律是不够的，法律只有具有可操作性，才能称之为完整的法律，法律所蕴含的价值才有实现的可能。法律程序是法律得以顺利运行的基石，法律通过敲定详尽的程序规则为其运行设定了轨道，并尽可能排除了人为因素对法律实施的干扰。退役军人要维护权益必须了解一定的法律程序，才能更好地维护权益。通过这个案例，可以了解案例的实体法律问题和程序问题。

法律名言

宪法，就是一张写着人民权利的纸。

——〔苏〕列宁

法令所以导民也，刑罚所以禁奸也。

——（西汉）司马迁

法律就是秩序，有好的法律才有好的秩序。

——〔古希腊〕亚里士多德

就实体法而言，本案虽系因退伍军人安置引起的纠纷，但对于本案双方却属于劳动争议。李某属于退役士兵，根据《中华人民共和国兵役法》《中华人民共和国劳动合同法》《退役士兵安置

条例》等规定，义务兵退伍后，符合安置条件的，应当由国家统一安置。退役军人安置问题，主要发生在安置部门和退役军人之间、安置部门和安置接收单位之间。1998 年，李某退役后由 XX 市复员退伍军人安置领导小组办公室分配到 XX 市邮电局（中国 XX 通信有限公司 XX 公司前身，简称 XX 通信公司），按规定 XX 通信公司接收安置李某的档案及相关手续，表示安置接收已经完成。从这一刻起，本案双方的关系随之转化成劳动关系。因为如果 XX 通信公司不同意安置，可以将档案转回安置部门。而不是接收档案却不予正式安排工作。而在劳动关系成立后，XX 通信公司以政府部门文件矛盾，公司没有人事权、无安置指标为由，不与李某签订无固定期限劳动合同的理由显然不合法的。

就程序而言，此案例真正精彩的是可谓穷尽了所能利用的法律程序，并最终取得了维权成功，对退役军人维权具有很大的启示作用。其先是申请劳动仲裁，经过一审判决后当事人上诉至中级人民法院，中级人民法院二审裁定撤销一审判决发回重审，一审法院裁定后当事人又上诉至中级人民法院，中级人民法院二审又裁定驳回上诉，当事人申诉至省高级人民法院，省高级人民法院裁定指令中级人民法院再审，中级人民法院再审维持原裁定，当事人再次申诉至省高级人民法院，省高级人民法院裁定指令一审法院再审，一审法院判决后当事一方不服判决又上诉至中级人民法院，中级人民法院二审裁定撤销一审判决将案件发回一审法院重审，一审法院重新作出判决后又上诉中级人民法院，在二审过程中一方撤诉，退役军人的艰辛维权终获成功。

1. 劳动争议的解决方式

对劳动争议问题的解决，一般可采用以下方式进行：

协商：双方协商体现了平等、自主，既省时间金钱，又不伤害感情。但是否协商，取决于双方自愿。协商解决不是劳动争议处理的必经程序。

调解：调解是指在第三人的参与下，通过说服、劝导促成争议双方达成和解。《中华人民共和国劳动法》（以下简称《劳动法》）第七十九条规定：劳动争议发生后，当事人可以向本单位劳动争议调解委员会申请调解；调解不成，当事人一方要求仲裁的，可以向劳动争议仲裁委员会申请仲裁。当事人一方也可以直接向劳动争议仲裁委员会申请仲裁。对仲裁裁决不服的，可以向人民法院提起诉讼。调解也不是劳动争议的必经程序。调解作为一种纠纷解决方式，相较于仲裁、漫长诉讼而言更为节约人力成本与时间成本。《中华人民共和国民事诉讼法》规定，当事人起诉到人民法院的民事纠纷，适宜调解的，先行调解，但当事人拒绝调解的除外。法庭辩论终结，应当依法作出判决。判决前能够调解的，还可以进行调解，调解不成的，应当及时判决。

仲裁：仲裁是指由公正的第三人居中裁决纠纷。仲裁是劳动争议处理的必经程序。

诉讼：诉讼是人民法院通过审判程序解决纠纷的活动。劳动争议诉讼解决是劳动争议处理的最后程序，也是最权威的处理方式。

2. 仲裁以及劳动仲裁

（1）仲裁

仲裁是指纠纷当事人在自愿基础上达成协议，将纠纷提交非司法机构的第三者审理，由第三者做出对争议各方均有约束力裁决的一种解决纠纷的制度和方式。在性质上兼具契约性、自治性、民间性和准司法性。仲裁机构和人民法院不同，通常属于民间团体的性质，其受理案件的管辖权来自双方协议，没有协议就无权受理。

仲裁具有如下特点：一是自愿性。仲裁以双方当事人的自愿为前提，充分体现当事人意思自治。二是快捷性。仲裁实行一裁终局。三是经济性。时间快、费用低，双方自愿进行，对抗性小，对当事人之后的商业机会影响较小。四是灵活性。不实行地域和级别管辖，只要双方当事人达成共识，而且程序也很简单，当事人还可以自定程序。五是专业性。仲裁的对象是民商事纠纷，常涉及复杂的法律、经济贸易和技术性问题；仲裁机构的仲裁员队伍多由各行业的专家和学者组成，具有极强的专业性和权威性。六是保密性。仲裁一般不公开审理，外界不知道正在仲裁的事情，仲裁结束了，双方还可以继续做生意，继续做朋友。七是效力强。仲裁的裁决书、调解书均具有法律强制保证实施的效力，与其他诉讼替代方式相比效力性更强；仲裁是国际通行的争议解决方式之一，仲裁的国际承认性及执行保障更强，便于当事人境外兑现权利。八是独立性。仲裁机构独立于行政机构；仲裁独立进行，而且仲裁裁决的效力与法院判决的效力是一样的，法院必须执行仲裁裁决。九是规范性。仲裁机构依据《中华人民共和国仲裁法》（以下简称《仲裁法》）和《中华人民共和国民事诉讼法》办理案件，且有自己独立的仲裁规则及相关配套的工作规则，程序规定缜密，规范性更强。

仲裁的适用范围很广。《仲裁法》的第二条规定："平等主体的公民，法人和其他组织之间发生的合同纠纷和其他财产权益纠纷，可以仲裁。"各种合同纠纷，如经济合同纠纷、知识产权纠纷、房地产合同纠纷、期货和证券交易纠纷、保险合同纠纷、借贷合同纠纷、票据纠纷、抵押合同纠纷、运输合同纠纷和海商纠纷等，还包括涉外的、涉及香港、澳门和台湾地区的经济纠纷，以及涉及国际贸易、国际代理、国际投资、国际技术合作等方面的纠纷，都可以进行仲裁。另外，其他财产权益纠纷，主要是指由侵权行为引发的纠纷，这在产品质量责任和知识产权领域的侵权行为较多见，也可以进行仲裁。

《仲裁法》第三条规定，有两类纠纷不能仲裁：一是婚姻、收养、监护、扶养、继承纠纷；二是依法应当由行政机关处理的行政争议。婚姻，收养，监护，扶养、继承纠纷虽然属于民事纠纷，也不同程度涉及财产权益争议，但这类纠纷往往涉及当事人本人不能自由处分的身份关系，需要人民法院作出判决或由政府机关作出决定，不属仲裁机构的管辖范围。行政争议，是指国家行政机关之间，或者国家行政机关与企事业单位、社会团体以及公民之间，由于行政管理而引起的争议。国外法律规定这类纠纷应当依法通过行政复议或行政诉讼解决。《仲裁法》第七十七条还规定："劳动争议和农业集体经济组织内部的农业承包合同纠纷的仲裁，另行规定。"这是因为，农业集体经济组织内部的农业承包合同纠纷虽然可以仲裁，但它不同于一般的民事经济纠纷。

（2）劳动仲裁是劳动争议的前置程序

依据现行《劳动法》的规定，劳动争议的当事人在提起劳动诉讼前需要申请劳动仲裁，对劳动仲裁不服的，才能提起劳动诉讼。

司法实践中，人民法院受理劳动争议案件是以是否经劳动争议仲裁委员会裁决过为前提的，即通行的所谓"劳动争议仲裁前置程序"。最高人民法院《关于审理劳动争议案件适用法律若干问题的解释（一）》第一条在规定劳动争议案件范围的同时，也明确规定了人民法院受理劳动争议案件，应以劳动仲裁为前置程序。即当事人不服劳动争议仲裁委员会作出的裁决，依法向人民法院起诉的，人民法院才予以受理。

提起劳动仲裁也有时效要求。《中华人民共和国劳动争议调解仲裁法》第二十七条规定，劳动争议案件申请仲裁的时效期间为一年，时效期间自申请人知道或者应当知道权利被侵害之日起计算。

《仲裁法》对仲裁审理时限也作出了明确规定。仲裁庭裁决劳动争议案件，应当自劳动争议仲裁委员会受理仲裁申请之日起四十五日内结束。案情复杂需要延期的，经劳动争议仲裁委员会主任批准，可以延期并书面通知当事人，但是延长期限不得超过十五日。逾期未作出仲裁裁决的，当事人可以就该劳动争议事项向人民法院提起诉讼。

如果劳动争议双方对劳动仲裁裁决不服的，还可以自收到仲裁裁决书之日起十五日内向人民法院提起诉讼。

本案中当事人李某首先向 XX 市劳动仲裁委员会申请仲裁，这是十分正确的做法。而仲裁裁决作出后，相对方 XX 通信公司不服仲裁裁决向 XX 市 XX 区人民法院提起诉讼，也是符合法律规定的，是维护自己权益的正常做法。

3.诉讼

无论是民事诉讼、刑事诉讼，还是行政诉讼，主要分为两个阶段：一是当事人向人民法院起诉和人民法院的立案阶段；二是人民法院审判阶段。

（1）管辖法院的选择

当事人起诉，即向有管辖权的法院立案庭递交诉状，当事人可以选择对自己诉讼最为方便所在地法院提起诉讼。刑事诉讼的起诉一般由人民检察院提起，只有自诉案件才由个人向基层人民法院提起诉讼，个人诉讼只向基层人民法院起诉要求立案。

相关法条：

《中华人民共和国民事诉讼法》（2017 年修正）关于管辖的相关条款

第十七条　基层人民法院管辖第一审民事案件，但本法另有规定的除外。

第十八条　中级人民法院管辖下列第一审民事案件：

（一）重大涉外案件；

（二）在本辖区有重大影响的案件；

（三）最高人民法院确定由中级人民法院管辖的案件。

第十九条　高级人民法院管辖在本辖区有重大影响的第一审民事案件。

第二十条　最高人民法院管辖下列第一审民事案件：

（一）在全国有重大影响的案件；

（二）认为应当由本院审理的案件。

第二十一条　对公民提起的民事诉讼，由被告住所地人民法院管辖；被告住所地与经常居住地不一致的，由经常居住地人民法院管辖。

对法人或者其他组织提起的民事诉讼，由被告住所地人民法院管辖。

同一诉讼的几个被告住所地、经常居住地在两个以上人民法院辖区的，各该人民法院都有管辖权。

第二十二条　下列民事诉讼，由原告住所地人民法院管辖；原告住所地与经常居住地不一致的，由原告经常居住地人民法院管辖：

（一）对不在中华人民共和国领域内居住的人提起的有关身份关系的诉讼；

（二）对下落不明或者宣告失踪的人提起的有关身份关系的诉讼；

（三）对被采取强制性教育措施的人提起的诉讼；

（四）对被监禁的人提起的诉讼。

第二十三条 因合同纠纷提起的诉讼，由被告住所地或者合同履行地人民法院管辖。

第二十四条 因保险合同纠纷提起的诉讼，由被告住所地或者保险标的物所在地人民法院管辖。

第二十五条 因票据纠纷提起的诉讼，由票据支付地或者被告住所地人民法院管辖。

第二十六条 因公司设立、确认股东资格、分配利润、解散等纠纷提起的诉讼，由公司住所地人民法院管辖。

第二十七条 因铁路、公路、水上、航空运输和联合运输合同纠纷提起的诉讼，由运输始发地、目的地或者被告住所地人民法院管辖。

第二十八条 因侵权行为提起的诉讼，由侵权行为地或者被告住所地人民法院管辖。

第二十九条 因铁路、公路、水上和航空事故请求损害赔偿提起的诉讼，由事故发生地或者车辆、船舶最先到达地、航空器最先降落地或者被告住所地人民法院管辖。

第三十条 因船舶碰撞或者其他海事损害事故请求损害赔偿提起的诉讼，由碰撞发生地、碰撞船舶最先到达地、加害船舶被扣留地或者被告住所地人民法院管辖。

第三十一条 因海难救助费用提起的诉讼，由救助地或者被救助船舶最先到达地人民法院管辖。

第三十二条　因共同海损提起的诉讼，由船舶最先到达地、共同海损理算地或者航程终止地的人民法院管辖。

第三十三条　下列案件，由本条规定的人民法院专属管辖：

（一）因不动产纠纷提起的诉讼，由不动产所在地人民法院管辖；

（二）因港口作业中发生纠纷提起的诉讼，由港口所在地人民法院管辖；

（三）因继承遗产纠纷提起的诉讼，由被继承人死亡时住所地或者主要遗产所在地人民法院管辖。

第三十四条　合同或者其他财产权益纠纷的当事人可以书面协议选择被告住所地、合同履行地、合同签订地、原告住所地、标的物所在地等与争议有实际联系的地点的人民法院管辖，但不得违反本法对级别管辖和专属管辖的规定。

第三十五条　两个以上人民法院都有管辖权的诉讼，原告可以向其中一个人民法院起诉；原告向两个以上有管辖权的人民法院起诉的，由最先立案的人民法院管辖。

《中华人民共和国行政诉讼法》（2017年修正）关于管辖的相关条款：

第十四条　基层人民法院管辖第一审行政案件。

第十五条　中级人民法院管辖下列第一审行政案件：

（一）对国务院部门或者县级以上地方人民政府所作的行政行为提起诉讼的案件；

（二）海关处理的案件；

（三）本辖区内重大、复杂的案件。

（四）其他法律规定由中级人民法院管辖的案件。

第十六条　高级人民法院管辖本辖区内重大、复杂的第一审行政案件。

第十七条　最高人民法院管辖全国范围内重大、复杂的第一审行政案件。

第十八条　行政案件由最初作出行政行为的行政机关所在地人民法院管辖。经复议的案件，也可以由复议机关所在地人民法院管辖。

经最高人民法院批准，高级人民法院可以根据审判工作的实际情况，确定若干人民法院跨行政区域管辖行政案件。

第十九条　对限制人身自由的行政强制措施不服提起的诉讼，由被告所在地或者原告所在地人民法院管辖。

第二十条　因不动产提起的行政诉讼，由不动产所在地人民法院管辖。

第二十一条　两个以上人民法院都有管辖权的案件，原告可以选择其中一个人民法院提起诉讼。原告向两个以上有管辖权的人民法院提起诉讼的，由最先立案的人民法院管辖。

第二十二条　人民法院发现受理的案件不属于本院管辖的，应当移送有管辖权的人民法院，受移送的人民法院应当受理。受移送的人民法院认为受移送的案件按照规定不属于本院管辖的，应当报请上级人民法院指定管辖，不得再自行移送。

第二十三条　有管辖权的人民法院由于特殊原因不能行使

管辖权的，由上级人民法院指定管辖。

人民法院对管辖权发生争议，由争议双方协商解决。协商不成的，报它们的共同上级人民法院指定管辖。

第二十四条 上级人民法院有权审理下级人民法院管辖的第一审行政案件。

下级人民法院对其管辖的第一审行政案件，认为需要由上级人民法院审理或者指定管辖的，可以报请上级人民法院决定。

（2）民事诉讼审判程序

一审是指人民法院对案件的最初一级审判。一审的程序可以分为普通程序和简易程序两种。普通的第一审案件由基层人民法院管辖，但是性质较严重、问题较复杂、影响较广大的第一审案件，按其不同程度，分别由中级人民法院、高级人民法院、最高人民法院管辖。最高人民法院的第一审就是终审。

对符合条件的起诉，必须受理。符合起诉条件的，应当在七日内立案，并通知当事人；不符合起诉条件的，应当在七日内作出裁定书，不予受理；原告对裁定不服的，可以提起上诉。

①民事案件一审

民事案件一审适用普通程序的审限是立案之日起六个月内。有特殊情况需要延长的，由本院院长批准，可以延长六个月；还需要延长的，报请上级人民法院批准。

人民法院对决定受理的案件，应当在受理案件通知书和应诉通知书中向当事人告知有关的诉讼权利义务，或者口头告知。人民法院受理案件后，当事人对管辖权有异议的，应当在提交答辩状期间提出。人民法院对当事人提出的异议，应当审查。异议成立的，裁定将案件移送有管辖权的人民法院；异议不成立的，裁定驳回。当事人未提出管辖异议，并应诉答辩的，视为受诉人民法院有管辖权，但违反级别管辖和专属管辖规定的除外。

人民法院审理民事案件，以公开审理为原则，除涉及国家秘密、个人隐私或者法律另有规定的以外，应当公开进行。离婚案件，涉及商业秘密的案件，当事人申请不公开审理的，可以不公开审理。人民法院对公开审理或者不公开审理的案件，一律公开宣告判决。

审理过程中，原告经传票传唤，无正当理由拒不到庭的，或者未经法庭许可中途退庭的，可以按撤诉处理；被告反诉的，可以缺席判决。被告经传票传唤，无正当理由拒不到庭的，或者未经法庭许可中途退庭的，可以缺席判决。

在法定情形出现时，诉讼可以中止或终结。

宣判前，原告申请撤诉的，是否准许，由人民法院裁定。人民法院裁定不准许撤诉的，原告经传票传唤，无正当理由拒不到庭的，可以缺席判决。

当庭宣判的，应当在十日内发送判决书；定期宣判的，宣判后立即发给判决书。

宣告判决时，必须告知当事人上诉权利、上诉期限和上诉的法院。

宣告离婚判决，必须告知当事人在判决发生法律效力前不得另行结婚。

基层人民法院和它派出的法庭审理事实清楚、权利义务关系明确、争议不大的简单的民事案件，适用简易程序。基层人民法院和它派出的法庭审理前款规定以外的民事案件，当事人双方也可以约定适用简易程序。对简单的民事案件，原告可以口头起诉。当事人双方可以同时到基层人民法院或者它派出的法庭，请求解决纠纷。基层人民法院或者它派出的法庭可以当即审理，也可以另定日期审理。简单的民事案件由审判员一人独任审理。人民法院适用简易程序审理案件，应当在立案之日起三个月内审结。人民法院在审理过程中如发现案件不宜适用简易程序的，裁定转为普通程序。

②民事诉讼第二审

当事人不服地方人民法院第一审判决的，有权在判决书送达之日起十五日内向上一级人民法院提起上诉。当事人不服地方人民法院第一审裁定的，有权在裁定书送达之日起十日内向上一级人民法院提起上诉。

第二审人民法院应当对上诉请求的有关事实和适用法律进行审查。第二审人民法院对上诉案件，应当组成合议庭，开庭审理。经过阅卷、调查和询问当事人，对没有提出新的事实、证据或者理由，合议庭认为不需要开庭审理的，可以不开庭审理。

在审理地点上，第二审人民法院审理上诉案件，可以在本院进行，也可以到案件发生地或者原审人民法院所在地进行。

第二审人民法院对上诉案件，经过审理，按照下列情形，分别处理：

（一）原判决、裁定认定事实清楚，适用法律正确的，以判决、裁定方式驳回上诉，维持原判决、裁定；

（二）原判决、裁定认定事实错误或者适用法律错误的，以判决、裁定方式依法改判、撤销或者变更；

（三）原判决认定基本事实不清的，裁定撤销原判决，发回原审人民法院重审，或者查清事实后改判；

（四）原判决遗漏当事人或者违法缺席判决等严重违反法定程序的，裁定撤销原判决，发回原审人民法院重审。

原审人民法院对发回重审的案件作出判决后，当事人提起上诉的，第二审人民法院不得再次发回重审。

第二审人民法院审理上诉案件，可以进行调解。调解达成协议，应当制作调解书，由审判人员、书记员署名，加盖人民法院印章。调解书送达后，原审人民法院的判决即视为撤销。

第二审人民法院判决宣告前，上诉人申请撤回上诉的，是否准许，由第二审人民法院裁定。

第二审人民法院审理上诉案件，适用第一审普通程序。

第二审人民法院的判决、裁定，是终审的判决、裁定。

人民法院审理对判决的上诉案件，应当在第二审立案之日起三个月内审结。有特殊情况需要延长的，由本院院长批准。人民法院审理对裁定的上诉案件，应当在第二审立案之日起三十日内作出终审裁定。

③民事诉讼审判监督程序

人民法院决定再审

各级人民法院院长对本院已经发生法律效力的判决、裁定、调解书，发现确有错误，认为需要再审的，应当提交审判委员会讨论决定。最高人民法院对地方各级人民法院已经发生法律效力的判决、裁定、调解书，上级人民法院对下级人民法院已经发生法律效力的判决、裁定、调解书，发现确有错误的，有权提审或者指令下级人民法院再审。

当事人申请再审

当事人对已经发生法律效力的判决、裁定，认为有错误的，可以向上一级人民法院申请再审；当事人一方人数众多或者当事人双方为公民的案件，也可以向原审人民法院申请再审。当事人申请再审的，不停止判决、裁定的执行。当事人的申请符合法定情形的，人民法院应当再审。

当事人对已经发生法律效力的调解书，提出证据证明调解违反自愿原则或者调解协议的内容违反法律的，可以申请再审。经人民法院审查属实的，应当再审。

申请再审也有例外，那就是当事人对已经发生法律效力的解除婚姻关系的判决、调解书，不得申请再审。

人民法院应当自收到再审申请书之日起三个月内审查，符合法律规定的，裁定再审；不符合法律规定的，裁定驳回申请。有特殊情况需要延长的，由本院院长批准。因当事人申请裁定再审的案件由中级人民法院以上的人民法院审理，但当事人依照法律规定选择向基层人民法院申请再审的除外。最高人民法院、高级人民法院裁定再审的案件，由本院再审或者交其他人民法院再审，也可以交原审人民法院再审。

申请再审期限

当事人申请再审，应当在判决、裁定发生法律效力后六个月内提出；有《中华人民共和国民事诉讼法》第二百条第一项、第三项、第十二项、第十三项规定情形的，自知道或者应当知道之日起六个月内提出。

按照审判监督程序决定再审的案件，裁定中止原判决、裁定、调解书的执行，但追索赡养费、扶养费、抚育费、抚恤金、医疗费用、劳动报酬等案件，可以不中止执行。

再审适用程序

人民法院按照审判监督程序再审的案件，发生法律效力的判决、裁定是由第一审法院作出的，按照第一审程序审理，所作的判决、裁定，当事人可以上诉；发生法律效力的判决、裁定是由第二审法院作出的，按照第二审程序审理，所作的判决、裁定，是发生法律效力的判决、裁定；上级人民法院按照审判监督程序提审的，按照第二审程序审理，所作的判决、裁定是发生法律效力的判决、裁定。人民法院审理再审案件，应当另行组成合议庭。

人民检察院抗诉

最高人民检察院对各级人民法院已经发生法律效力的判决、裁定，上级人民检察院对下级人民法院已经发生法律效力的判决、裁定，发现有法律规定情形的，或者发现调解书损害国家利益、社会公共利益的，应当提出抗诉。地方各级人民检察院对同级人民法院已经发生法律效力的判决、裁定，发现有法律规定情形的，或者发现调解书损害国家利益、社会公共利益的，可以向同级人民法院提出检察建议，并报上级人民检察院备案；也可以提请上级人民检察院向同级人民法院提出抗诉。各级人民检察院对审判监督程序以外的其他审判程序中审判人员的违法行为，有权向同级人民法院提出检察建议。

当事人也可以申请检察建议或抗诉。有下列情形之一的，当事人可以向人民检察院申请检察建议或者抗诉："（一）人民法院驳回再审申请的；（二）人民法院逾期未对再审申请作出裁定的；（三）再审判决、裁定有明显错误的。人民检察院对当事人的申请应当在三个月内进行审查，作出提出或者不予提出检察建议或者抗诉的决定。当事人不得再次向人民检察院申请检察建议或者抗诉。人民检察院提出抗诉的案件，接受抗诉的人民法院应当自收到抗诉书之日起三十日内作出再审的裁定；有本法第二百条第一项至第五项规定情形之一的，可以交下一级人民法院再审，但经该下一级人民法院再审的除外。"

（3）行政诉讼审判程序

①行政案件一审

人民法院审理行政案件，应当在立案之日起六个月内作出第一审判决。有特殊情况需要延长的，由高级人民法院批准，高级人民法院审理第一审案件需要延长的，由最高人民法院批准。

行政案件一审适用简易程序，应当在立案之日起四十五日内审结。对于事实清楚、权利义务关系明确、争议不大的行政案件，可以适用简易程序："（一）被诉行政行为是依法当场作出的（处罚、强制等符合当场作出的条件）；（二）政府信息公开案件；（三）当事人各方同意的；（四）案件涉及款额二千元以下的。但是，发回重审、按照审判监督程序再审的案件不适用简易程序。人民法院在审理过程中，发现案件不宜适用简易程序的，裁定转为普通程序。"

②行政诉讼第二审

人民法院对上诉案件，应当组成合议庭，开庭审理。经过阅卷、调查和询问当事人，对没有提出新的事实、证据或者理由，合议庭认为不需要开庭审理的，也可以不开庭审理。人民法院审理上诉案件，应当对原审人民法院的判决、裁定和被诉行政行为进行全面审查，应当在收到上诉状之日起三个月内作出终审判决。有特殊情况需要延长的，由高级人民法院批准，高级人民法院审理上诉案件需要延长的，由最高人民法院批准。

原审人民法院对发回重审的案件作出判决后，当事人提起上诉的，第二审人民法院不得再次发回重审。人民法院审理上诉案件，需要改变原审判决的，应当同时对被诉行政行为作出判决。

③行政诉讼审判监督程序

当事人对已经发生法律效力的判决、裁定，认为确有错误的，可以向上一级人民法院申请再审，但判决、裁定不停止执行。当事人的申请符合法定情形，人民法院应当再审。

各级人民法院院长对本院已经发生法律效力的判决、裁定，发现法定情形的，或者发现调解违反自愿原则或者调解书内容违法，认为需要再审的，应当提交审判委员会讨论决定。

最高人民法院对地方各级人民法院已经发生法律效力的判

决、裁定，上级人民法院对下级人民法院已经发生法律效力的判决、裁定，发现有法定情形的，或者发现调解违反自愿原则或者调解书内容违法的，有权提审或者指令下级人民法院再审。

最高人民检察院对各级人民法院已经发生法律效力的判决、裁定，上级人民检察院对下级人民法院已经发生法律效力的判决、裁定，发现有法定情形的，或者发现调解书损害国家利益、社会公共利益的，应当提出抗诉。地方各级人民检察院对同级人民法院已经发生法律效力的判决、裁定，发现有法定情形的，或者发现调解书损害国家利益、社会公共利益的，可以向同级人民法院提出检察建议，并报上级人民检察院备案；也可以提请上级人民检察院向同级人民法院提出抗诉。

延伸阅读：

1.《新修改的两大诉讼法即将施行：程序正义重在公正执法》，载《人民法院报》2012-12-31 第 1 版，最高人民法院网，网址链接：http://www.court.gov.cn/zixun-xiangqing-4945.html。

2.关于《中华人民共和国民事诉讼法（修正草案）》的说明——2021 年 10 月 19 日在第十三届全国人民代表大会常务委员会第三十一次会议上，中国人大网，网址链接：http://www.npc.gov.cn/npc/c30834/202112/5dd11058b5c54fc198386c8706a0076a.shtml。

五、诉讼时效与权利的保护

案例：

张某于 2015 年 7 月 10 日向 XX 县人民法院提起行政诉讼。称其 2003 年 12 月入伍，在武警水电第 XX 支队服役，于 2011 年 12 月复员。复员后，XX 县民政局迟迟不给原告安置工作，请求人民法院依法判令 XX 县民政局给予其安置工作；诉讼费用由被告承担。XX 县人民法院于 7 月 15 日立案受理后，根据《中华人民共和国行政诉讼法》第二十三条之规定，将该案呈送 XX 市中级人民法院指定管辖。XX 市中级人民法院于 7 月 28 日退回 XX 县人民法院。XX 县人民法院依法进行了审理。

XX 县人民法院于 2015 年 8 月 11 日向案外人张父调查询问原告张某情况。张父称其子常年在外打工，现在联系不上，临走时把安置的事交由其全权处理。张父遂以"张某"名义委托了律师，签订了委托代理合同，起诉状、律师授权委托书上面的"张某"签名均是由张父签字捺印。

人民法院查明，原告所提交的四份信访复查意见书，申请人均是张父，并非原告张某本人，与本案诉讼无法律上的关联性，而且，张父的信访行为不能代替行政诉讼，亦不能产生行政诉讼起诉期限中断的效力，故对原告的主张不予采信；被告提交的 1 号证据系被诉行政行为，具有客观真实性，能够证明该审查意见的作出时间是 2003 年 11 月 26 日；2 号证据能够证明原告在 2012 年

2 月 21 日的《2011 年退伍军人审查表》签名，该表记载原告户口性质为农业。

人民法院认为，张某系完全诉讼行为能力人，案外人张父既非张某的法定代理人，也不是本案的委托代理人，其以"张某"名义从事行政诉讼行为，无证据证明系张某本人的真实意思表示，本案原告主体不适格。因本案涉及退役军人落实安置待遇等政策问题，不属于行政诉讼主管范围。而且，根据《中华人民共和国行政诉讼法》第四十六条的规定："公民、法人或者其他组织直接向人民法院提起诉讼的，应当自知道或者应当知道作出行政行为之日起六个月内提出。法律另有规定的除外。因不动产提起诉讼的案件自行政行为作出之日起超过二十年，其他案件自行政行为作出之日起超过五年提起诉讼的，人民法院不予受理。"本案被诉行政行为显然不涉及不动产，故应当适用五年最长起诉期限。该最长起诉期限的起算点，法律有明确规定，即"自行政行为作出之日起"，并不以当事人"知道或者应当知道"为标准。本案被诉行政行为作出时间是 2003 年 11 月 26 日，原告张某第一次向法院起诉时间是 2016 年 2 月 16 日，原告起诉已超过法律规定的五年最长起诉期限。为此，人民法院作出裁定如下：驳回原告张某的起诉。

张某不服 XX 县人民法院作出的行政裁定，向 XX 市中级人民法院提起上诉，称上诉人在提起本案诉讼时才知道被上诉人在政审档案中将上诉人的户籍行政审核为"农业"性质，上诉人的起诉并未超过法定的起诉期限，原审裁定驳回上诉人的起诉错误；

原审裁定适用《中华人民共和国行政诉讼法》第四十六条的规定错误。请求二审法院查清事实后，支持上诉人的上诉请求。

被上诉人答辩称，被上诉人作出被诉行政行为是在 2003 年 11 月 26 日，距上诉人提起本次行政诉讼已有十二年之久，上诉人起诉显然已超五年最长起诉期限；上诉人张某亲笔签名的《2011 年退伍军人审查表》中"户口类别"一栏明确标明"农业"，证明张某从 2012 年 2 月 21 日已明确知道其征兵入伍的户口为农业，距上诉人提起行政诉讼已有四年，其起诉已超过法定的起诉期限。

二审法院认为，上诉人提起本案诉讼实为解决其退伍之后的安置问题，因退役军人安置工作是政策性很强的工作，退役军人提出要求落实安置待遇等纠纷不属于人民法院受案范围。同时，被上诉人作出被诉行政行为的时间是 2003 年 11 月 26 日，张某向法院提起本案行政诉讼的时间是 2016 年 2 月 16 日，其起诉已超过法律规定的五年最长起诉期限，原审裁定驳回其起诉并无不当。2016 年 12 月 26 日，XX 市中级人民法院作出行政裁定如下：驳回上诉，维持原裁定，本裁定为终审裁定。

张某不服 XX 市中级人民法院于 2016 年 12 月 26 日作出的二审行政裁定，向省高级人民法院申请再审，称：1. 申请人一审的诉讼请求为"请求被告将原告政审档案（包括兵卡）中载明的户籍性质恢复为城镇户籍性质"，该请求为申请人要求被申请人变更具体行政行为，属于行政诉讼受案范围，并不是二审认定的安置问题。2. 申请人在二审提交的政审档案的审查意见是申请人在

2016年7月27日于XX县民政局复印，证实申请人是在该日期才知道政审档案中的户籍性质被申请人错误审查为"农业"，故自申请人知道户籍性质被错误审查为"农业"之日起并未超过诉讼期限。3.一、二审法院认定事实有误。本案起诉期限应从申请人知道被申请人在政审档案中将申请人的户籍审核为"农业"性质起算。4.一审法院认为"最长起诉时间的起算点，法律有明确规定，即自行政行为作出之日起，并不以当事人知道或者应当知道为标准"属适用法律错误。请求：1.撤销XX市中级人民法院行政裁定。2.撤销XX县人民法院行政裁定。3.改判支持申请人原审的诉讼请求。4.一、二审诉讼费用由被申请人承担。

省高级人民法院受理后，依法组成合议庭对本案进行了审查。再审法院认为，本案中，被诉行政行为作出时间为2003年11月26日，申请人张某提起本案诉讼时间为2016年2月16日，申请人的起诉已超过法律规定的五年最长起诉期限。一、二审法院裁定认定事实清楚，适用法律正确。申请人申请再审的主张没有法律依据，再审申请不符合《中华人民共和国行政诉讼法》第九十一条规定的情形。

2018年04月16日，省高级人民法院作出裁定如下：驳回张某再审申请。

解析：

诉讼时效是指民事权利受到侵害的权利人在法定的时效期间内怠于行使权利，当时效期间届满时，人民法院对权利人的权利不再进行保护的制度。

诉讼时效一般须满足以下要件：一是须有请求权的存在。诉讼时效是对请求权的限制，没有请求权，也就无从适用诉讼时效。二是须有怠于行使权利的事实。诉讼时效是对权利人的督促，实际上也是对义务人的保护。如果权利人怠于行使权利经过一定的期间，又没有其他事由致使诉讼时效中断或中止，则诉讼时效产生法律效果。三是怠于行使权利的事实持续存在，致使诉讼时效期间届满。届满有时又称为诉讼时效结束、诉讼时效完成。诉讼时效届满，权利人的胜诉权自动消灭。如果有使诉讼时效中断、中止的事实，诉讼时效还可以"拉长"，即中断时重新计算，在诉讼时效期间的最后六个月内中止时，自中止时效的原因消除之日起满六个月，诉讼时效期间届满。

诉讼时效是不受当事人的意志控制并能发生权利消灭，属于法律事实中的事件。它具有由法律规定的强制性，不得当事人自行约定或规定。在法律规定的诉讼时效期间内，权利人提出请求的，人民法院强制义务人履行所承担的义务。而在法定的诉讼时效期间届满之后，权利人行使请求权的，人民法院就不再予以保护。

诉讼时效的起算，也即诉讼时效期间的开始，它是从权利人知道或应当知道其权利受到侵害之日起开始计算，即从权利人能行使请求权之日开始算起。

不同诉讼种类的诉讼时效是不同的。

法律名言

法律的基础有两个，而且只有两个……公平和实用。

——〔英〕伯克

抛弃时间的人，时间也抛弃他。

——〔英〕莎士比亚

民事诉讼中，一般诉讼时效是三年。

2017年3月15日，第十二届全国人民代表大会第五次会议表决通过了《中华人民共和国民法总则》。该法第一百八十八条第一款规定："向人民法院请求保护民事权利的诉讼时效期间为三年。法律另有规定的，依照其规定。"《中华人民共和国民法典》延续了这一规定，其第一百八十八条规定"向人民法院请求保护民事权利的诉讼时效期间为三年。法律另有规定的，依照其规定。诉讼时效期间自权利人知道或者应当知道权利受到损害以及义务人之日起计算。法律另有规定的，依照其规定。但是，自权利受到损害之日起超过二十年的，人民法院不予保护，有特殊情况的，人民法院可以根据权利人的申请决定延长。"

在民事诉讼中，诉讼时效仅适用于请求权，即诉讼时效届满后，义务人虽可拒绝履行其义务，权利人请求权的行使仅发生障碍。当事人超过诉讼时效后起诉的，人民法院应当受理。受理后，如另一方当事人提出诉讼时效抗辩且查明无中止、中断、延长事由的，判决驳回其诉讼请求。如果另一方当事人未提出诉讼时效抗辩，则视为其自动放弃该权利，法院不得依照职权主动适用诉讼时效，应当受理支持其诉讼请求。

行政诉讼时效与民法不同。《中华人民共和国行政诉讼法》第四十六条规定："公民、法人或者其他组织直接向人民法院提起诉讼的，应当自知道或者应当知道作出行政行为之日起六个月内提出。法律另有规定的除外。因不动产提起诉讼的案件自行政行为作出之日起超过二十年，其他案件自行政行为作出之日起超过五年提起诉讼的，人民法院不予受理。"

刑事案件分为公诉案件和自诉案件，其诉讼时效又称为追诉时效。根据我国刑法第八十七条的规定，犯罪经过下列期限不再追诉：（一）法定最高刑为不满五年有期徒刑的，经过五年；（二）法定最高刑为五年以上不满十年有期徒刑的，经过十年；（三）法定最高刑为十年以上有期徒刑的，经过十五年；（四）法定最高刑为无期徒刑、死刑的，经过二十年。如果二十年以后认为必须追诉的，须报请最高人民检察院核准。刑法第八十八条还规定，在人民检察院、公安机关、国家安全机关立案侦查或者在人民法院受理案件以后，逃避侦查或者审判的，不受追诉期限的限制。被害人在追诉期限内提出控告，人民法院、人民检察院、公安机关应立案而不予立案的，不受追诉期限的限制。

延伸阅读：

1.霍海红：《诉讼时效根据的逻辑体系》（载《法学》2020 年第 6 期），民主与法制网，网址链接：http://www.mzyfz.com/index.php/cms/item-view-id-1431063。

2.《公司起诉要求支付工程款 超过诉讼时效被驳回》，2021-08-04，中国法院网，网址链接：https://www.chinacourt.org/article/detail/2021/08/id/6183478.shtml。

相关法条：

《中华人民共和国行政诉讼法》（2017 年修正）

第四十六条 公民、法人或者其他组织直接向人民法院提起诉讼的，应当自知道或者应当知道作出行政行为之日起六个月内提出。法律另有规定的除外。

因不动产提起诉讼的案件自行政行为作出之日起超过二十年，其他案件自行政行为作出之日起超过五年提起诉讼的，人民法院不予受理。

第四十九条 提起诉讼应当符合下列条件：

（一）原告是符合本法第二十五条规定的公民、法人或者其他组织；

（二）有明确的被告；

（三）有具体的诉讼请求和事实根据；

（四）属于人民法院受案范围和受诉人民法院管辖。

第八十九条　人民法院审理上诉案件，按照下列情形，分别处理：

（一）原判决、裁定认定事实清楚，适用法律、法规正确的，判决或者裁定驳回上诉，维持原判决、裁定；

（二）原判决、裁定认定事实错误或者适用法律、法规错误的，依法改判、撤销或者变更；

（三）原判决认定基本事实不清、证据不足的，发回原审人民法院重审，或者查清事实后改判；

（四）原判决遗漏当事人或者违法缺席判决等严重违反法定程序的，裁定撤销原判决，发回原审人民法院重审。

原审人民法院对发回重审的案件作出判决后，当事人提起上诉的，第二审人民法院不得再次发回重审。

人民法院审理上诉案件，需要改变原审判决的，应当同时对被诉行政行为作出判决。

第九十一条　当事人的申请符合下列情形之一的，人民法院应当再审：

（一）不予立案或者驳回起诉确有错误的；

（二）有新的证据，足以推翻原判决、裁定的；

（三）原判决、裁定认定事实的主要证据不足、未经质证或者系伪造的；

（四）原判决、裁定适用法律、法规确有错误的；

（五）违反法律规定的诉讼程序，可能影响公正审判的；

（六）原判决、裁定遗漏诉讼请求的；

（七）据以作出原判决、裁定的法律文书被撤销或者变更的；

（八）审判人员在审理该案件时有贪污受贿、徇私舞弊、枉法裁判行为的。

《最高人民法院关于适用〈中华人民共和国行政诉讼法〉若干问题的解释》（法释〔2018〕1号）

第六十九条　有下列情形之一，已经立案的，应当裁定驳回起诉：

（一）不符合行政诉讼法第四十九条规定的；

（二）超过法定起诉期限且无行政诉讼法第四十八条规定情形的；

（三）错列被告且拒绝变更的；

（四）未按照法律规定由法定代理人、指定代理人、代表人为诉讼行为的；

（五）未按照法律、法规规定先向行政机关申请复议的；

（六）重复起诉的；

（七）撤回起诉后无正当理由再行起诉的；

（八）行政行为对其合法权益明显不产生实际影响的；

（九）诉讼标的已为生效裁判或者调解书所羁束的；

（十）不符合法定起诉条件的情形。

前款所列情形可以补正或者更正的，人民法院应当指定期间责令补正或更正；在指定期间已经补正或者更正的，应当依法审理。

人民法院经过阅卷、调查或者询问当事人，认为不需要开庭审理的，可以迳行裁定驳回起诉。

《中华人民共和国民法典》

第一百八十八条　向人民法院请求保护民事权利的诉讼时效期间为三年。法律另有规定的，依照其规定。

诉讼时效期间自权利人知道或者应当知道权利受到损害以及义务人之日起计算。法律另有规定的，依照其规定。但是，自权利受到损害之日起超过二十年的，人民法院不予保护，有特殊情况的，人民法院可以根据权利人的申请决定延长。

第一百八十九条　当事人约定同一债务分期履行的，诉讼时效期间自最后一期履行期限届满之日起计算。

第一百九十条　无民事行为能力人或者限制民事行为能力人对其法定代理人的请求权的诉讼时效期间，自该法定代理终止之日起计算。

第一百九十一条　未成年人遭受性侵害的损害赔偿请求权的诉讼时效期间，自受害人年满十八周岁之日起计算。

第一百九十二条　诉讼时效期间届满的，义务人可以提出不履行义务的抗辩。

诉讼时效期间届满后，义务人同意履行的，不得以诉讼时效期间届满为由抗辩；义务人已经自愿履行的，不得请求返还。

第一百九十三条　人民法院不得主动适用诉讼时效的规定。

第一百九十四条　在诉讼时效期间的最后六个月内，因下列障碍，不能行使请求权的，诉讼时效中止：

（一）不可抗力；

（二）无民事行为能力人或者限制民事行为能力人没有法定代理人，或者法定代理人死亡、丧失民事行为能力、丧失代理权；

（三）继承开始后未确定继承人或者遗产管理人；

（四）权利人被义务人或者其他人控制；

（五）其他导致权利人不能行使请求权的障碍。

自中止时效的原因消除之日起满六个月，诉讼时效期间届满。

第一百九十五条　有下列情形之一的，诉讼时效中断，从中断、有关程序终结时起，诉讼时效期间重新计算：

（一）权利人向义务人提出履行请求；

（二）义务人同意履行义务；

（三）权利人提起诉讼或者申请仲裁；

（四）与提起诉讼或者申请仲裁具有同等效力的其他情形。

六、司法救助——困难退役军人维权的辅助性救济措施

案例：

2020年4月5日凌晨3时左右，退役军人陈某某在XX市某店铺购物时，因与人发生口角而被伤害重伤二级。其被伤害后住院1个月，医药费高达8万元，但由于犯罪嫌疑人一直未抓获归案，陈某某无法获得赔偿。

XX市人民检察院第四检察部接到该线索后，第四检察部干警及时、高效对接，深入展开调查。据了解，陈某某的父亲已在几年前离世，母亲也六十多岁，无劳动能力。其本人目前享受国家对退役军人的优待政策，其家庭是低保户，也是建档立卡贫困户。因案件发生，陈某某无法打工，没有经济来源。申请救助时，他还外置引流袋，等待进行第二次手术。

经审查，申请人陈某某的情况符合《人民检察院国家司法救助工作细则（试行）》《广东省检察机关国家司法救助工作指引》的规定，且其是一名退役军人，是最高人民检察院《关于在全国检察机关开展"深入推进国家司法救助工作"专项活动的通知》明确的四类重点救助人群之一。为解决申请人陈某某手术燃眉之急，救济退役军人受损利益，将检察人文关怀及时送到退役军人身边，让他们在司法案件中感受到国家和社会温暖，XX市人民检察院决定给予申请人陈某某国家司法救助金30000元。司法救助

金到账的第二天，陈某某随即住院进行了第二次手术，目前身体状况良好。

解析：

退役军人司法救助工作，是人民法院、人民检察院、公安机关、司法行政机关在办理案件过程中，对遭受违法犯罪侵害或者民事、行政侵权，无法通过诉讼、仲裁获得有效赔偿、补偿，生活面临急迫困难的退役军人采取的辅助性救济措施。司法救助是困难退役军人帮扶工作的重要内容，对依法解决退役军人在法律诉讼中面临的急迫困难、维护退役军人合法权益、促进社会和谐稳定具有重要意义。近年来，国家有关部门和天津、重庆、浙江等地积极推动退役军人司法救助、法律帮扶工作。最高人民检察院连续两年将退役军人司法救助内容纳入全国人民代表大会审议的年度工作报告。各级人民检察院主动对接退役军人事务部门，建立工作联动机制，对遭受不法侵害的退役军人和军人军属，及时给予司法救助。

6部门出台意见加强退役军人司法救助工作

本报北京1月6日电 （记者**倪光辉**）中央政法委、最高人民法院、最高人民检察院、公安部、司法部、退役军人事务部6部门近日联合印发《关于加强退役军人司法救助工作的意见》（以下简称《意见》），对做好司法过程中困难退役军人救助工作作出安排、提出要求。

《意见》明确，退役军人司法救助工作是人民法院、人民检察院、公安机关、司法行政机关在办理案件过程中，对遭受违法犯罪侵害或者民事、行政侵权，无法通过诉讼、仲裁获得有效赔偿、补偿，生活面临急迫困难的退役军人采取的辅助性救济措施。

《意见》强调，党委政法委应加强退役军人司法救助工作的协调和指导。人民法院、人民检察院开展退役军人司法救助工作，应积极与同级有关办案机关和退役军人事务部门对接。引导并帮助其落实待遇保障和帮扶援助政策。公安机关在办理落户、流动人口登记等行政事项，为退役军人申请享受有关政策待遇提供便利条件。司法行政机关通过运用公共法律服务平台、鼓励律师参与志愿服务等方式，优先为退役军人提供法律咨询、法律援助等公共法律服务。退役军人事务部门在工作中发现符合国家司法救助条件的退役军人，应积极采取措施落实困难退役军人待遇保障和帮扶援助等相关政策。

2021年1月，中央政法委、最高人民法院、最高人民检察院、公安部、司法部、退役军人事务部六部门联合印发《关于加强退役军人司法救助工作的意见》（以下简称《意见》），对做好司法过程中困难退役军人救助工作作出安排。《意见》共十七条，涵盖退役军人司法救助的范围、机制、原则、申请条件、效果评估等方面内容，旨在加大司法过程中对困难退役军人的救助工作力度，有效维护退役军人合法权益，促进社会和谐稳定。

> **权威发布**
>
> 加强涉军维权工作。传承红色基因，巩固拓展涉军维权"信阳模式""鄂豫皖模式"实践成果，服务国防和军队改革建设，促进军政军民团结。审结破坏军事设施、破坏军婚等涉军犯罪案件633件，审结涉军民商事案件10418件，坚决捍卫军队军人尊严荣誉，维护军人军属合法权益。继续做好涉军停偿下篇文章司法服务工作，依法维护部队正当权益和群众合法利益。会同退役军人事务部等出台意见，加大退役军人司法救助力度。军事法院开通涉军维权平台，结合重大任务排查化解纠纷909件，为部队和官兵挽回损失14.3亿元。内蒙古、海南、西藏等法院主动送法进军营，开辟涉军维权绿色通道。湖南法院加强沟通协调，让西藏戍边战士和家人先行拿到赔偿款，为边防战士提供后方坚强的司法保障。
>
> ——《最高人民法院工作报告——2021年3月8日在第十三届全国人民代表大会第四次会议上》

1. 明确了退役军人司法救助工作的职责分工

该《意见》主要由党委政法委、人民法院、人民检察院、公安机关、司法行政机关和退役军人事务部门负责推动，明确了各部门在退役军人司法救助工作中的职责。

党委政法委应加强退役军人司法救助工作的协调和指导。

人民法院、人民检察院开展退役军人司法救助工作，应积极

深圳市龙岗区退役军人事务局工作人员将 10 万元应急救助资金送到退役军人崔明镐手中（图片来源：退役军人事务部网站）

与同级有关办案机关和退役军人事务部门对接，引导并帮助其落实待遇保障和帮扶援助政策。

公安机关在办理落户、流动人口登记等行政事项时，为退役军人申请并享受有关政策待遇提供便利条件。

司法行政机关通过运用公共法律服务平台、鼓励律师参与志愿服务等方式，优先为退役军人提供法律咨询、法律援助等公共法律服务。

退役军人事务部门在工作中发现符合国家司法救助条件的退役军人，应积极采取措施落实困难退役军人待遇保障和帮扶援助等相关政策。

2. 关于退役军人司法救助工作的主要原则

一是坚持辅助性救助。对同一案件的同一救助申请人只进行一次性国家司法救助。对于能够通过诉讼、仲裁获得赔偿、补偿的，应当通过诉讼、仲裁途径解决。

二是坚持公正救助。严格把握救助标准和条件，兼顾退役军人当事人实际情况和同类案件救助数额，做到公平、公正、合理救助，防止因救助不公引发新的矛盾。

三是坚持多元救助。立足济难解困，将退役军人司法救助与社会救助、帮扶援助等相衔接，切实解决退役军人实际困难和问题。

四是坚持优先救助。基于退役军人为国防和军队建设做出的牺牲奉献，对退役军人案件优先受理审查、提供司法救助和法律服务，把党和国家对困难退役军人的关心关爱落到实处，体现尊重优待。

权威发布

坚定维护国防利益、军人军属合法权益。加强与解放军和武警部队人大代表联系，完善军地检察协作机制，支持军事检察机关依法履职，着力服务军民融合发展。起诉涉军犯罪407人，同比上升20.4%。对122名遭受不法侵害的军人军属、退役军人，及时给予司法救助。主动与退役军人事务部建起工作机制，更好维护退役军人合法权益。

——《最高人民检察院工作报告——2019年3月12日在十三届全国人大二次会议上》

彰显法治的温暖与力量。坚决维护国防利益和军人军属合法权益。起诉破坏军事设施、破坏军婚等涉军犯罪381人。与有关部门制定加强退役军人司法救助工作意见，救助378名遭受不法侵害的军人军属、退役军人，是2019年的3倍。办理军用土地保护和军营周边环境整治以及机场净空、舰艇航道、军事设施维护等公益诉讼151件。某军用机场附近企业违法排放，严重影响部队战训。辽宁军地检察机关联署发出检察建议，驻地政府迅即整治，多年扰军难题得到系统治理。

——《最高人民检察院工作报告——2021年3月8日在第十三届全国人民代表大会第四次会议上》

---

3. 关于司法救助的对象范围

《意见》结合当前国家司法救助工作实践，对个别条款内容进行补充完善，将司法救助的对象确定为受到侵害但无法获得有效赔偿的困难退役军人。规定退役军人符合下列情形之一的，可

广东中山坦洲退役军人获国家司法救助金 21 万元。图为慰问人员入户了解郭胜的身体情况和家庭情况（图片来源：退役军人事务部网站）

依法申请国家司法救助：

（1）刑事案件被害人受到犯罪侵害致重伤或者严重残疾，案件尚未侦破，生活困难的；或者因加害人死亡或没有赔偿能力，无法通过诉讼获得赔偿，造成生活困难的；

（2）刑事案件被害人受到犯罪侵害危及生命，急需救治，无力承担医疗救治费用的；

（3）刑事案件被害人受到犯罪侵害致死，依靠其收入为主要生活来源的近亲属或者其赡养、扶养、抚养的其他人，因加害人死亡或者没有赔偿能力，无法通过诉讼获得赔偿，造成生活困难的；

（4）刑事案件被害人受到犯罪侵害，致使财产遭受重大损失，因加害人死亡或者没有赔偿能力，无法通过诉讼获得赔偿，造成生活困难的；

（5）举报人、证人、鉴定人因举报、作证、鉴定而受到打击报复，致使人身受到伤害或者财产受到重大损失，无法通过诉讼获得赔偿，造成生活困难的；

（6）追索赡养费、扶养费、抚育费等，因被执行人没有履行能力，造成申请执行人生活困难的；

（7）对于因道路交通事故等民事侵权行为以及行政机关及其工作人员的违法侵权行为造成人身伤害，无法通过诉讼、仲裁、保险理赔等方式获得赔偿，造成生活困难的；

（8）根据实际情况，认为需要救助的其他退役军人。

权威发布

加强司法救助工作。会同相关部门出台《关于加强退役军人司法救助工作的意见》，对遭受违法犯罪侵害或者民事、行政侵权，无法通过诉讼、仲裁获得有效赔偿、补偿，生活面临急迫困难的退役军人给予辅助性救济。

——《退役军人事务部2020年法治政府建设年度报告》

4. 不予救助的情形

《意见》还规定了退役军人不予救助的情形，规定对于退役军人具有以下情形之一的，一般不予司法救助：

（1）对案件发生有重大过错的；

（2）无正当理由，拒绝配合查明案件事实的；

（3）故意作虚伪陈述或者伪造证据，妨害诉讼的；

（4）在诉讼中主动放弃民事赔偿请求或者拒绝加害责任人及其近亲属赔偿的；

（5）生活困难非案件原因所导致的；

（6）已经通过社会救助措施，得到合理补偿、救助的；

（7）法人、其他组织提出的救助申请。

延伸阅读：

1.[正午国防军事]六部门出台意见加强退役军人司法救助工作八类情形退役军人可申请国家司法救助，央视影音，2021-01-07。

2.最高人民检察院微信公众号：《司法救助，给困境中的人一缕亮光》，发布时间：2021-02-05。

3.《关于加强退役军人司法救助工作的意见》解读，时间：2021-01-06 22:43。来源：思想政治和权益维护司，中华人民共和国退役军人事务部网站，网址链接：https://www.mva.gov.cn/jiedu/zcjd/202101/t20210106_44156.html。

后　记

按照《中华人民共和国退役军人保障法》关于退役军人教育培训的有关要求，为配合退役军人事务系统开展全员适应性培训，退役军人事务部退役军人培训中心委托北京戎和律师事务所律师于兴卫博士承担《以案释法：日常生活常见法律问题解析》编写工作。

全书由于兴卫博士负责撰写，北京戎和律师事务所主任谢丹、法律专家杨易等同志参与了书稿提纲设计并对书稿的编辑提出了宝贵意见。江西省景德镇市军分区副司令员、原军事科学院法律顾问处律师刘其能参加了部分书稿的编写；郝占奎、刘玉、王敏等同志也提出了很好的意见建议。写作中，还参考了法律界同行的相关研究成果。在此，谨对所有给本书做出贡献和提供帮助的同志表示衷心的感谢！

由于时间和编写水平所限，书中难免有疏忽之处，欢迎广大读者批评指正。在使用本书过程中，如有修改意见和建议，请发电子邮件至 tyjrpxzxjcc@163.com；联系人和联系电话：肖建飞（010）84516153，李转业（010）84513264。

退役军人事务部退役军人培训中心
2022 年 9 月